SOPHOKLES
ÖDIPUS IN KOLONOS

VOM ALTGRIECHISCHEN
INS DEUTSCHE ÜBERTRAGEN VON
PETER HANDKE

SUHRKAMP

Erste Auflage 2003
© Suhrkamp Verlag Frankfurt am Main 2003
Alle Rechte vorbehalten,
insbesondere das des öffentlichen Vortrags
sowie der Übertragung durch Rundfunk und Fernsehen,
auch einzelner Teile.
Kein Teil des Werkes darf in irgendeiner Form
(durch Fotografie, Mikrofilm oder andere Verfahren)
ohne schriftliche Genehmigung des Verlages reproduziert
oder unter Verwendung elektronischer Systeme verarbeitet,
vervielfältigt oder verbreitet werden.
Umschlaggestaltung: Hermann Michels und Regina Göllner
Druck: Nomos Verlagsgesellschaft, Baden-Baden
Printed in Germany
ISBN 3-518-41452-6

1 2 3 4 5 6 – 08 07 06 05 04 03

dem Andenken an
Alfred Scherbantin, meinen Griechischlehrer,
und an den Gräzisten *Franz Schwarz*

PH, September 2002

ÖDIPUS
THESEUS
ANTIGONE
KREON
FREMDER (= *Einheimischer*)
POLYNEIKES
CHOR (*attischer Alter*)
BOTE
ISMENE

Ein Hain zwischen Felsen beim noch sagenhaften Athen

ÖDIPUS

Teknon tüphlu gerontos, Antigone, tinas
horus aphigmeth'e tinon andron polin?
Tis ton planeten Oidipun kath' hemeran
ten nün spanistois dexetai dorem ...

Antigone, Kind du eines alten Blinden: 1
In welche Gegend, in den Bezirk welcher
Menschen sind wir geraten? Wer wird
an dem Tag jetzt mit Kummergaben empfangen
den Irrstern Ödipus, der kaum etwas
fordert, dem weniger noch als kaum etwas 5
beschert wird, und dem das aber genug ist?
Es lehren mich die Genüge nämlich die Leiden,
und die viele Zeit, und als drittes die Lebensart.
So, Kind: wenn du einen Platz siehst,
sei's einen allgemein zugänglichen, sei's einen Götterhain, 10
dann halte inne und finde mir ein Lager,
damit wir ausforschen, wo wir denn sind.
Gekommen sind wir ja, Fremde zu Einheimischen,
als Ratsuchende, und um das, was wir hören,
zu befolgen.

ANTIGONE

Leiderfahrener Vater Ödipus: die Mauern, die
die Polis gürten, sind weit weg, wie aus dem
Gesichtsfeld; der Ort hier aber ist heilig. Solches 15

läßt klar erahnen das Prangen von Lorbeer, Olivenlaub,
Rebwerk, und darunter drinnen singen so schön die
starkflügeligen Nachtigallen. Da hier strecke deine
Glieder aus auf dem unbehauenen Stein, alter Mensch du,
20 der du ja einen weiten Weg hinter dir hast.

ÖDIPUS

Weise mir nun den Platz an und kümmere dich um den Blinden.

ANTIGONE

Das brauche ich nach all der Zeit nicht mehr zu lernen.

ÖDIPUS

Weißt du denn, wo es uns hinverschlagen hat?

ANTIGONE

Zwar erkenne ich Athen dort, aber nichts von hier.

ÖDIPUS

25 Jeder der Entgegenkommenden hat uns das auch gesagt.

ANTIGONE

Soll ich auskundschaften, was für ein Ort das ist?

ÖDIPUS

Ja doch, Kind – sofern er überhaupt bewohnbar ist.

ANTIGONE

Er ist bewohnt. Mir scheint, ich muß gar nicht weiter weg;
denn ich sehe in der Nähe einen Mann –

ÖDIPUS

– sich hierher wenden und auf uns zugehen? 30

ANTIGONE

– schon bei uns sein. Der Mann ist da. Was günstig
zu sagen ist: sprich es aus.

ÖDIPUS

Fremder: indem ich von der da, die für mich und
sich selber sieht, höre, daß du dich zum Glück genähert hast,
uns aufzuklären über all das uns Ungewisse – 35

FREMDER

Bevor du mehr weißt: weg mit dir vom Ort hier;
denn du bist an einer heiligen Stelle, einer unbetretbaren.

ÖDIPUS

Was ist das für ein Ort? Welchem der Götter ist er geweiht?

FREMDER

Untersagt ist er, und unbetretbar; denn die
40 Schreckensgöttinnen haben ihn inne, die Töchter der
Erde und der Finsternis.

ÖDIPUS

Laß mich hören: mit welch erhabenem Namen sie also anrufen?

FREMDER

Das Volk hier nennt sie die Allessehenden
Eumeniden; anderswo freilich ruft man sie anders.

ÖDIPUS

So mögen sie den Schutzflehenden doch gnädig aufnehmen;
45 von diesem Fleck Erde gehe ich nicht mehr fort.

FREMDER

Was ist nun das?

ÖDIPUS

Meines Loses Losungswort.

FREMDER

Und ich aber, ich habe den Mut nicht,
dich ohne die Polis wegzuscheuchen –
nicht ehe ich anzeige, was ansteht.   50

ÖDIPUS

Bei den Göttern nun, Fremder: verschmähe es nicht,
mir Umherirrendem zu sagen, was ich erflehe.

FREMDER

Offenbar dich, und das Gebührende wird meine Sache sein.

ÖDIPUS

Was für ein Ort ist das, wo wir hingelangt sind?

FREMDER

Von allem, was ich weiß, erfahre im Zuhören.
Die ganze Gegend hier ist eine heilige, ist in der Gewalt des
55 erhabenen Poseidon. Doch heimisch in ihm ist
der Titanengott, der Feuerbringer Prometheus. Der Ort,
den du durchstöberst, wird dieses erzfüßigen Erdstrichs
Schwelle geheißen, der Sicherheitsgürtel für Athen. Die
nahen Ländereien rühmen sich, daß der Reiterheld Kolonos
60 ihnen der Ahnherr ist, und sind alle nach ihm benannt,
und tragen gemeinsam den Namen. So verhält es sich hier,
o Fremder, und weniger mit Worten beehren wir's
als mit dem Zusammenleben.

ÖDIPUS

Also bewohnen welche die Gegend hier?

FREMDER

65 Und ob! und sie haben den Namen vom hiesigen Gott.

ÖDIPUS

Herrscht jemand über sie? Oder bestimmen die Leute über sich
selbst?

FREMDER

Ihr Herrscher ist der König der Stadt dort.

ÖDIPUS

Wer ist es denn, der befiehlt in Wort und in der Tat?

FREMDER

Theseus heißt er, des weiland Aigeus Sproß.

ÖDIPUS

Ob einer von euch zu ihm als Bote geht? 70

FREMDER

Damit er – was? Spricht? oder mit ihm herkommt?

ÖDIPUS

Damit er, indem er kleinen Nutzen leistet, Großes gewinnt.

FREMDER

Was für ein Gewinn kann ausgehn von Seiten eines Mannes, der
nicht sieht?

ÖDIPUS

Wenn wir reden, wird das, was wir reden werden, ganz Auge sein.

FREMDER

75 Weißt du, Fremder, wie du nicht zu Fall kommst?
Klar ist: du bist ein Edler – es fehlt dir bloß
der gute Dämon; bleib also da hier, wo du mir ins
Blickfeld kamst, bis daß ich mit den Volksleuten von
hier – nicht mit denen der Stadt – geredet haben werde.
Die nämlich entscheiden, ob es recht ist, daß du
80 bleibst oder daß du weiterziehst.

ÖDIPUS

Ach, Kind: der Fremde, ist er uns gegangen?

ANTIGONE

Gegangen ist er, so daß dir freisteht, Vater,
ruhig alles zu sagen, mit mir allein dir nah.

ÖDIPUS

O ihr Schrecken ausstrahlenden Göttinnen, bei denen
ich mich in diesem Land zuerst niederließ: 85
Bleibt nicht verständnislos, weder vor mir noch vor Phöbus,
welcher, mit dem vielen Schlimmen,
das mich erwarte, mir zugleich die Ruhstatt verkündete,
nach einer langen Zeit unterwegs, in einem Endland,
wo ich aufgenommen würde am Sitz furchterregender
                                  Gottheiten
und da meinen Gast- und Rastplatz fände 90
und daselbst das mühsalbeladene Leben ausklingen ließe,
und denen, die mir da Wohnstatt gäben, von Nutzen wäre,
und denen aber, die mich ausgestoßen und fortgejagt haben,
                                  zum Verderben.
Und er verhieß mir als Wahrzeichen dafür: Erdbeben, und
Donner, und Blitzstrahl des Göttergottes. 95
Und nun weiß ich: es kann nicht anders sein als
daß es euer Geleitschutz war, der mich geführt hat
auf dem Weg hierher in diesen Hain – wie sonst
auf meiner Wanderung als erstes die Begegnung mit euch,
die eines sich des Weins Enthaltenden mit Nichtweintrinkern,
wie sonst mein Michsetzen hier auf den furchtbaren, 100
den unbehauenen Stein. Auf doch, Göttinnen:
dem apollinischen Orakel gemäß gebt mir das Aus
des Lebens, oder sonst eine Wendung,
es sein denn, ihr meint, es gebühre noch Ärgeres dem
                                  Sterblichen da,
der seit je den höchsten Qualen anheimgefallen ist. 105
Auf, ihr süßen Sprößlinge des archaischen Schattens,
auf, du nach der großen Pallas genannte über allen
stehende Polis Athen: bewehklagt das erbärmliche

ÖDIPUS

Nachbild des Mannes Ödipus, der längst nicht mehr
110 seine Anfangsgestalt hat.

ANTIGONE

Schweig. Denn da kommen welche, Alte,
um deinen Platz auszuspähen.

ÖDIPUS

Ich werde schweigen. Und du berge mich
abseits des Wegs im Hain, damit ich so
erfahre, welche Art Sprache die sprechen werden;
115 auf diesem Erfahren nämlich wird beruhen, wie
das zu Tuende gut anzufassen wäre.

CHOR

Schau! Wer war das? Wo steckt er?
Wo ist er so rasch hinverschwunden,
120 von allen, von allen der Frevelhafteste?
Hingeblickt! Auf zur Steinigung!
Allerwärts gekundschaftet!

Ein Irrläufer, irgendein Irrläufer ist der Alte,
125 kein Einheimischer. Hätt' sonst ja nicht
den unbetretbaren Hain der Unbezwinglichen

Jungfraun betreten, vor deren
Benennung wir erschauern,
und an denen wir nichts wie vorbei wollen, 130
blicklos, lautlos, stimmlos,
den Mund nur in Andacht bewegend.
Und nun: die Kunde von einem
ohne Scheu,

den ich nirgendherum im Bezirk 135
erblicke. Mir ist schleierhaft,
wo er steckt.

ÖDIPUS

Derjenige – hier – ich. Durch Hören werde ich ja,
wie gesagt, ganz Auge.

CHOR

Herrje, 140
grausiger Anblick, grausiger Klang.

ÖDIPUS

Bitte, seht in mir keinen Gesetzlosen.

CHOR

Abwehrgott Zeus, wer ist nur dieser Alte?

ÖDIPUS

Nicht eben einer, dem vordringlich das Glück
145 lacht, ihr Ortsaufseher. Seht ihr mir's denn
nicht an? Ging ich denn sonst mit so fremdländischen
Augen, und ankerte, als so Großer,
an so Kleinem?

CHOR

150 He, deine blicklosen Augen:
brachtest du die denn mit auf die Welt?
Und dein Elendsleben dauert, man ahnt es.
Aber durch mich sollst du nicht noch mehr Elend
auf dich ziehen.
155 Ein Eindringling bist du, ein Eindringling!
Daß du bloß nicht weiter vordringst in der
lautlosen grasreichen Waldschlucht, dorthin wo der
Krug mit Wasser bereitsteht zum Zusammenfluß
160 für den Honigtrank!
Davor, du ganz unseliger Fremder,
hüte dich wohl; ab mit dir, weg mit dir.
Wie hindert der viele Abstand zwischen uns!:
165 Hörst du denn überhaupt, du jammervoller
Landstreicher du? So du mir etwas vorzutragen
hast: tritt zurück vor dem Unbetretbaren

und werde dort laut, wo das jedem gestattet ist;
bis dahin aber: enthalte dich.

ÖDIPUS

Tochter: worauf sinnen? 170

ANTIGONE

Vater, wir müssen tun
wie die Einwohner, und es ist recht, ihnen
zu folgen und auf sie zu hören.

ÖDIPUS

Häng dich nun bei mir ein.

ANTIGONE

Da, in dich eingehängt!

ÖDIPUS

Ach, Fremde, daß ich nicht frevle,
indem ich euch geglaubt und mich aufgemacht habe. 175

CHOR

Ach, Greis: von dem Platz da, jetzt, wird
keiner dich gegen deinen Willen wegschaffen.

ÖDIPUS

Noch weiter?

CHOR

Noch ein bißchen voran!

ÖDIPUS

Noch?

CHOR

180 Führ ihn weiter, du, Mädchen; denn du
nimmst wahr.

ANTIGONE

Komm mit mir, komm in deinem Dunkel –

ÖDIPUS

— Ach ich, ach ich —

ANTIGONE

— in deinem Dunkel, einen Fuß vor den andern,
ich führe dich. *Sie wiederholen den Dialog stumm, im Rhythmus,
mit Händen und Füßen.*

CHOR

Du Fremder in der Fremde, du Dulder:
bequeme dich dazu, was für die   185
Polis Unsitte ist, zu verabscheuen
und was Sitte ist, hochzuhalten.

ÖDIPUS

Führ mich nun, Kind,
damit wir, in der Gottesfurcht wandelnd,
einerseits reden, andrerseits hören,   190
und nicht nothaben, im Krieg zu sein.

CHOR

Halt! Setz keineswegs den Fuß über
den Felsplatz da hinaus.

ÖDIPUS

So?

CHOR

Genug so, hör.

ÖDIPUS

Und jetzt setze ich mich?

CHOR

195 Noch einen Schritt in die Schräge –
und ganz oben auf dem Stein kauerst du dich hin.

ANTIGONE

Vater, nun ist's an mir. Ruhig, nur ruhig!

ÖDIPUS

Ach ich, ach ich –

ANTIGONE

Paß deinen Schritt dem meinen an,
stütz deinen alten Körper an   200
meiner Liebe.

ÖDIPUS

O ich Verlorener.

CHOR

Ach, du Kümmerling, der du nun verschnaufst –
hör: Wer, Wesen, bist du?
Wer ist er, der viel Elende, der hier Gestrandete?   205
Welches ist sein Vaterland? So unsre Frage.

ÖDIPUS

Ah, Fremde: Polisverbannter, ich; nicht doch aber –

CHOR

Was, Greis, wehrst du da ab?

ÖDIPUS

210   – nicht doch, nicht, nicht werde geforscht, wer ich bin,
nicht, nicht such weiter, um es herauszufinden.

CHOR

Was also?

ÖDIPUS

Grausig die Herkunft.

CHOR

Laß hören.

ÖDIPUS

Herrje, Kind, was brülle ich aus mir heraus?

CHOR

215   Vaterseits: sag, von wessen Sperma stammst du?

ÖDIPUS

Herrje, herrje mein Kind, mein Kind, was nur geschieht mir da?

ANTIGONE

Rede. Du kannst nicht mehr zurück.

ÖDIPUS

So werde ich sprechen. Denn ein Verheimlichen gibt's nicht mehr.

CHOR

Nach deinem langen Zögern: rasch heraus damit.

ÖDIPUS

Kennt ihr einen Sproß des Laios?

CHOR

Ay, ay. 220

ÖDIPUS

Und das Geschlecht der Labdakiden?

CHOR

O Gott.

ÖDIPUS

– Den elendigen Ödipus?

CHOR

Der bist du also?

ÖDIPUS

Nur keine Angst vor dem, was aus mir laut wird.

CHOR

Ay, ay, ay, ay.

ÖDIPUS

Unseliger ich.

CHOR

Ay, ay.

ÖDIPUS

Tochter, was wird denn jetzt geschehn? 225

CHOR

Weg, hinaus mit euch von hier.

ÖDIPUS

Was du versprachst: wirst du es halten?

CHOR

Keiner wird vom Schicksal dafür bestraft, daß
er den straft, von dem er was erlitten hat;
ein Betrug aber durch mehr Betrug 230
überspielt, das schafft, statt Freude, im Gegenteil Last.
Ab mit dir vom Ort hier, marsch, weg von meinem

235 Boden, auf daß du nicht meine Polis mit
deiner Schuld verknüpfst.

ANTIGONE

He, Fremde, hochwürdige,
wenn ihr schon diesen meinen
greisen Vater nicht duldet,
240 aufs Hörensagen von seinen absichtslosen Taten:
So, he, Fremde, ich fleh euch an, erbarmt euch
zumindest meiner,
die ich für diesen meinen Vater, für ihn allein, bitte,
bitte mit Augen, welche nicht geblendet sind,
245 euch in die Augen schauend, als wär' ich
hervorgegangen aus eurem Blut: bitte, schenkt
Achtung dem Verlassenen hier! bei euch nämlich
sind wir Unseligen hingestreckt wie bei einem Gott. So, auf,
gewährt die wenn auch unverhoffte Gnade.
250 Bei dem dir Lieben, dir Nächsten bitte ich dich,
ob Kind oder Frau oder Schatz oder Gott.
Denn schau dich doch um: für keinen Irdischen, wenn
ein Gott tätig wird,
gibt's ein Entrinnen.

CHOR

Sollst wissen, Kind des Ödipus, daß wir in
255 gleichem Maße dich und ihn da eures Geschickes wegen bemitleiden.
Doch zittern wir vor den Göttern und können
nichts sagen übers gerade Gesagte hinaus.

ÖDIPUS

Was fruchten guter Ruf und schöner Name,
wenn sie sinnlos vorbeiziehen, so wie doch,
sagt man, die Polis von Athen die Allergottesfürchtigste sei,
einzig imstande, den fallbedrohten Fremden zu retten,
einzig imstande, ihm eine Schutzstatt zu gewähren.
Und aber bei mir: wo ist das alles hin, ihr, die ihr
mich vom Platz scheucht und mich vertreibt,
einzig aus Grausen vor meinem Namen? Oder doch
wohl nicht vor meinem Leib da, oder doch wohl auch
nicht vor meinen Taten? da ich ja diese
meine Taten mehr erlitten als verübt habe
– wenn's recht ist, dir die der Mutter und des
Vaters anzuführen, derentwegen du mich hinwegscheuchst,
das ist mir recht gewiß. Wie denn: ich, ich ein
von Natur her Schlechter? Ich, der das gegen
ihn Verübte bloß zurückverübte, so daß,
selbst hätte ich bewußt gehandelt, ich nicht als ein
Schlechter dagestanden wäre? Nun aber bin ich
unbewußt hingelangt, dort wo ich hingelangt bin,
indes die, durch die ich's erlitt, wußten, ja, wußten, und mich
                               abschafften, ja, abschafften!
Entsprechend flehe ich, o Fremde, euch bei den Göttern an:
so wie ihr mich fortjagtet, so
rettet mich, und stellt, ihr Götterfürchtigen, die
Götter doch nicht ins Abseits, und glaubt bitte,
daß die zwar auf den Unbescholtenen blicken
von den Sterblichen hier, aber blicken auch auf
die Bescholtenen, und daß nie und nimmer
ein unheiliger Mensch den Göttern entkommen hat können.
Mit ihnen sei du und verdecke nicht das gesegnete

Athen mit unheiligem Handeln – wirf dich für mich ins Zeug!
So wie du mich Ankömmling sicher aufnahmst, so
285 auch rette mich, und schütze mich; und entwerte mich
nicht im Blick auf meinen widrig anzublickenden Schädel.
Denn ich komme hierher als Frommer und
Anbetender und als einer, der den Leuten hier
Glück bringt. Wenn es hier einen Gebieter in der
Nähe gibt, etwas wie euern Oberherrn, so
290 wirst du hören und verstehen; inzwischen aber
werde mir du nicht der Böse.

CHOR

Deine Einwände, Alterchen, zwingen einen,
zurückzuscheuen und zu zögern; denn nicht mit
schwachen Worten kamen sie dir aus dem Mund;
295 nun ist es an den Oberen der Gegend hier, durchzublicken.

ÖDIPUS

Wo bloß ist er, Fremde ihr, der Anschaffer hierzuland?

CHOR

Wie seine Vorväter steht er der Landeskapitale vor.
Der dich ausgespäht hat, und der mich hergeschickt hat,
ist unterwegs und holt ihn.

ÖDIPUS

Und meint ihr denn, er achte oder besinne sich
eines Blinden, er komme in Person dem nah? 300

CHOR

Kannst sicher sein – wenn er deinen Namen vernimmt.

ÖDIPUS

Wer ist's, der ihm das Wort nennt?

CHOR

Langer Weg – und die Worte derer unterwegs
fliegen gern kreuz und quer, und er, sowie er die erfährt
stellt sich hier ein, nur Mut! So tief nämlich, 305
du Greis, ist dein Name allüberallhin gedrungen,
daß, selbst falls er gemächlich ausruht, er, von
dir hörend, sofort hierherschnellt.

ÖDIPUS

Eh, so möge er kommen zu seiner Stadt und
zu meiner Wohlfahrt – denn ist ein Edler nicht auch
ein sich selber Lieber?

ANTIGONE

310   Ach Gott: Was sage ich? In welche Richtung, Vater, soll ich
denken?

ÖDIPUS

Was ist, Kind Antigone?

ANTIGONE

Eine Frau sehe ich auf uns losstürmen, auf einem
Ätna-Fohlen; auf dem Kopf ein
Thessalischer Sonnenhut, der ihr das Gesicht beschirmt.
315   Was sagen?
Ja! ist!? Nein! ist nicht!? Durcheinander im Hirn,
Und ja, und nein, und nein, und ja.
Ich Arme ich –
ja, nein, sie ist doch keine andre, nein, ja: sie
kommt auf mich zu mit einem Liebkosen, das
320   schimmert aus den Augen und bedeutet mir etwas:
offenbar! – einzig der Ismene Angesicht ist das.

ÖDIPUS

Ach Kind, was redest du?

ANTIGONE

Ja, dein Kind sehe ich dort, da! und meine Schwester;
Es zu erfahren durch ihre Stimme, steht dir bevor.

ISMENE

Ah ihr zwei freudigsten Namen mir, des Vaters
und der Schwester: fast habe ich euch nicht 325
gefunden, und jetzt, vor Kummer, sehe ich euch wieder fast nicht.

ÖDIPUS

Kind, ach, bist du gekommen?

ISMENE

Vater, ach, elender Anblick du.

ÖDIPUS

Kind, bist erschienen?

ISMENE

Und nicht ohne Kümmernis.

ÖDIPUS

Rühr mich an, Kind.

ISMENE

330 Euch zwei zugleich betaste ich.

ÖDIPUS

Ah, Blut von meinem Blut.

ISMENE

Ah, ihr jammervollen Leben.

ÖDIPUS

Ihres da und meines?

ISMENE

Elendig auch das von mir, der Dritten.

ÖDIPUS

Was führt dich her, Kind?

ISMENE

Die Fürsorge, Vater.

ÖDIPUS

Und wohl auch Sehnsucht?

ISMENE

Und auch, persönlicher Bote zu sein,
zusammen mit dem aus dem Gesinde, dem einzig ich vertraue.

ÖDIPUS

Und die Brüder, die Jungen, – was treibt die herum? 335

ISMENE

Sie sind, wo sie sind; schrecklich aber, was sie gerade mitmachen.

ÖDIPUS

Ach, wie haben die zwei doch Art und Leben den Sitten in
Ägypten angeglichen – denn dort hocken die
Mannsbilder im Haus und weben, die ihnen Angetrauten aber
340 sind ständig draußen unterwegs und verschaffen ihnen die
                                            Lebensmittel.
So, ihr Kinder, hausen im Haus wie die Jungfern
die, welche sich kümmern sollten, während ihr
an deren Stelle euch mit Ach und Weh um
345 mich Kümmerer kümmern müßt – wie die hier neben
mir, von klein auf schon kräftig, ewig umherziehend,
Arme du, als Greisen-Krückstock, umherschweifend ständig,
darbend und barfuß, über Stock, Strupp und Stein,
350 ausgesetzt den Regengüssen ebenso wie den Gluten der
Sonne, und kein Seßhaftsein kommt für sie in Frage –
zuerst muß ihr Vater ernährt sein! –
Und du, Kind, bist für den Vater um alle die
Orakel gegangen, von denen meine Mit-Thebaner nichts
                                            wissen durften!
355 Umsorgtest mir den Leib und warst verläßlicher Schutz
mir, seitdem ich verscheucht bin aus meiner Gegend.
Und mit welcher Nachricht, Ismene, kommst du nun
dem Vater? Was war dein Antrieb, von daheim wegzugehen?
Denn du bist gekommen nicht für nichts, dessen
360 bin ich sicher – daß du mir ja nichts Schlimmes auftischst!

ISMENE

Ich, Vater, werde das auf der Suche nach
dir und deiner Bleibe Durchlittene beiseite lassen;

denn ich möchte das erstens tatsächlich Erlittene nicht
zweitens wortwörtlich wiedererleiden.
Wie übel es nun steht um deine unseligen 365
Söhne: das anzuzeigen bin ich gekommen.
Erst waren sie bereit, dem Kreon den Thron zu
lassen und so die Polis nicht zu beflecken,
in Anbetracht des alten Fluchs auf unserem Geschlecht,
und wie der geworfen ist auf dein elendiges Haus; 370
inzwischen aber brach, aufgrund der Götter und
auch sündigen Sinnens, bei den dreifach Elendigen
ein böser Zwist aus: der Herrschaft sich zu
bemächtigen, und der Obergewalt. Der Jüngere der
beiden, seinem Alter entsprechend weniger im Recht,
hat den vor ihm geborenen Polyneikes des Throns 375
beraubt und aus dem Vaterland gejagt. Der aber,
wie es bei uns mehr und mehr Kunde geworden ist, als
Flüchtling im Tiefland von Argos angelangt, hat
dort eine neue Sippe und liebe Schildgesellen gefunden,
so daß entweder Argos auf der Stelle die Stütze Theben 380
stürzt oder ihr aber die Himmelfahrt beschert.
Das, Vater, ist kein Wortegedudel, sondern Grauensgerassel.
Wo Götter sind, die dich mit Leiden einmal verschonen:
ich weiß es nicht.

ÖDIPUS

Hast du denn eine Hoffnung, daß Götter mich jetzt beachten, 385
und mich irgend einmal bergen werden?

ISMENE

Ja, Vater – entsprechend den jetzigen Orakeln.

ÖDIPUS

Wie lauten die? Was verkünden die, mein Kind?

ISMENE

Daß du den Menschen einmal nottun wirst,
390 ob tot oder lebend, ihres Heils zuliebe.

ÖDIPUS

Wer kann denn etwas haben von einem Menschen wie mir?

ISMENE

Aus dir, so sagen sie, entsteht ihnen die Kraft.

ÖDIPUS

Sowie ich nichts mehr bin, bin ich demnach ihr Mann?

ISMENE

Denn jetzt richten die Götter dich auf,
während sie zuvor dich niedermachten.

ÖDIPUS

Wie nichtig, einen Alten aufzurichten, der jung hingefallen ist. 395

ISMENE

Und wisse, daß Kreon zu dir deswegen unterwegs ist,
flugs, und gleich da sein wird, nicht erst in der Ewigkeit.

ÖDIPUS

Um was zu tun, Tochter – erklär's mir.

ISMENE

Um dich in die Nähe der Thebengegend zu bringen, ihm zur
Verfügung, ohne daß du freilich die Landesgrenze überschreitest. 400

ÖDIPUS

Und was für Nutzen von einem, hingestreckt vor ihren Toren?

ISMENE

»Dein Grab mißachtet: schlimm für die!«

ÖDIPUS

Auch ohne einen Orakelgott ist das doch klar!

ISMENE

Und also wollen sie dich nah bei ihrer Gegend
405 haben, damit du nicht über dich verfügst.

ÖDIPUS

Und sie werden mich bedecken mit dem Thebanischen Erdstaub?

ISMENE

Nein, Vater: das läßt nicht zu das von dir vergossene Blut.

ÖDIPUS

Also werden die nie und nimmer über mich verfügen.

ISMENE

Also wird das schlimm sein für die von Theben.

ÖDIPUS

Welcher Fügung wegen, Kind? 410

ISMENE

Deines Wütens wegen, wenn sie an dein Grab treten.

ÖDIPUS

Und was du da sagst, Kind – von wem hast du's gehört?

ISMENE

Von den Befragern des Orakels der Stätte von Delphi.

ÖDIPUS

Und das sagt also Apollo über uns?

ISMENE

415 Wie es behaupten die ins thebanische Fußland Zurückgekehrten.

ÖDIPUS

Und hat einer meiner Söhne davon gehört?

ISMENE

Sie beide zusammen, sie sind klar unterrichtet.

ÖDIPUS

Und die Kerle: aufs Hörensagen hin haben die
die Macht der Neigung zu mir vorgezogen?

ISMENE

420 Und mir tut's weh, das zu vernehmen, und ich ertrag's.

ÖDIPUS

Ah, daß ihnen die Götter den schicksalsgeschickten Streit
nicht löschen! Ah, daß mir zufiele, ihren Kampf
zu entscheiden, in dem sie nun die Lanzen lüpfen!

So, daß der jetzige Szepter- und Thronhalter 425
die nicht behalte, so, daß der andere, der Fortgegangene,
nie und nimmer wiederkehre! Ah, sie, die mich, den ah so ehrlos
aus dem Heimatland Gejagten, weder zurückhielten noch
in Schutz nahmen, ah, vielmehr vor ihren
Augen vertrieben ich, ah, vor ihnen ausgestoßen ich, 430
      abgeschmettert ich, ah,
Flüchtling, ich.
Wohl sagst du, daß die Polis damals mir auf meinen Wunsch hin
das gebührlich auf den Hals rief. Aber nicht doch!
Als mir gleich an jenem Tag – es kochte in mir –
zu sterben das Süßeste war, und das Gesteinigtwerden, 435
da, als mir nichts lieber gewesen wäre, stellte keiner sich mir
      dafür ein.
Mit der Zeit freilich, als all mein Kummer gereift war
und mir aufging, daß mein Herz, vorschnell, zu sehr
Züchtiger für das zuvor Verbrochene war, da genau
warf mich die Polis aus dem Land, spät, und die 440
helfen konnten dem Vater, sie, die aus dem Vater
Entstandenen, haben nicht handeln wollen – vielmehr,
dank ihnen und ihres großen Schweigens, streune
ich endlos als Bettelflüchtling im Aus umher.
Aus denen dafür aber, den Mädchen hier, bezieh' ich, 445
in dem Maß, wie es ihre Naturgaben sind, sowohl
den Lebenssaft als auch den Boden unter den Füßen
als auch den Sippenbeistand, während jene statt ihren
Erzeuger den Griff nach Szepter und Thron wählten
sowie die Alleinbeherrschung des Landes. Nein, nie
werden sie mich zum Mitkämpfer bekommen, niemals 450
wird ihnen die Herrschaft übers Thebenland Früchte
tragen; ich weiß das: indem ich durch sie hier den
Orakelspruch höre und das Altvorhergesagte

zurechtdenke, das Phöbus Apollo nun an mir erfüllt.
455 So schicken sie den Kreon, oder wer sonst halt
in der Stadt ein Mächtiger ist, als meinen Ausschnüffler:
Wenn doch, ach Freunde, ihr euch zusammentätet mit
den furchterregenden örtlichen Göttinnen, mir zum
Schutze – der Polis hier verschafft ihr so den
460 großen Retter, meinen Widersachern aber eine Bürde.

CHOR

Gebührlich seist du, Ödipus du, bedauert, du
selber und die Mädchen da. Indem du dich aber
aufrufst als den Retter dieser Gegend,
will ich dir etwas Nützliches raten.

ÖDIPUS

465 Ja, mein Lieber, mir, der alles befolgen wird.

CHOR*(führer)*

So bringe nun ein Sühneopfer den Göttinnen, in deren
Bereich du anfangs kamst und den Fuß hinsetztest.

ÖDIPUS

Wie soll ich vorgehen? Leute, belehrt mich.

CHOR *(führer)*

Erst bring einen Weileguß dar, geschöpft von
frommen Händen aus einer immerfließenden Quelle. 470

ÖDIPUS

Und wenn der Reinheitsguß getan ist?

CHOR *(führer)*

Es sind da Krüge, Werk eines handhaften Mannes:
Die bekränze oben und den Griff an ihrem Mund.

ÖDIPUS

Mit Zweigen? Oder mit Fäden? Oder wie?

CHOR *(führer)*

Mit der frischgeschorenen Zotte eines Frischlingsschafs. 475

ÖDIPUS

Recht; wie aber soll ich das dann zu Ende bringen?

CHOR *(führer)*

Die Güsse ausgießen, im Stehen, gegen Sonnenaufgang.

ÖDIPUS

Mit den erwähnten Gefäßen?

CHOR *(führer)*

Dreimal gieße; den letzten Krug aber ganz.

ÖDIPUS

480 Womit soll ich den füllen? Belehr mich auch darüber.

CHOR *(führer)*

Mit Wasser, mit Honig; nicht aber Wein dazu!

ÖDIPUS

Und wenn der schwarzlaubige Boden das aufgenommen hat?

CHOR *(führer)*

Dreimal neun Olivenreiser setz ihm dann ein,
mit beiden Händen, und bete das Flehgebet –

ÖDIPUS

Das will ich nun hören; denn es zählt am meisten. 485

CHOR *(führer)*

Indem wir sie Eumeniden, die Wohlmeinenden, nennen,
so mögen sie aus wohlmeinender Brust den
Schutzsucher, den Retter, empfangen. Darum bitte
du selbst, oder ein anderer an deiner Statt,
und rede unvernehmlich, und laß den Ton nicht
weit erschallen! Danach: weg mit dir, ohne dich umzudrehn! 490
Und ist das hinter dir, steh ich dir unbekümmert bei,
wenn aber nicht: heilig fürchte ich für dich, mein Fremder.

ÖDIPUS

Hört ihr, Kinder, die hiesigen Leute?

ISMENE

Wir hören's – und du sag an, was nottut.

ÖDIPUS

495 Für mich gibt's keinen Weg; denn mir ist
zugefallen, daß ich nicht stark bin und nicht sehen kann –
zweifaches Übel. Gehe die eine von euch und mache!
Ich glaube nämlich, eine einzige Seele anstelle von Myriaden,
genügt, das abzugelten – wenn sie sich gutwillig einstellt.
500 Also, rasch, mach! Und laßt mich aber nicht
allein. Wie sonst schwänge mein einsamer Leib sich auf
zum Weitergehen, ohne einen, der ihn führt?

ISMENE

Ich gehe also, und vollbring's. Nur will ich wissen,
wohin ich soll, an welchen Ort.

CHOR

505 Da zu den Wäldern da, Fremdlingin du. Wenn
dir aber etwas mangelt, so gibt ein Hiesiger dir Bescheid.

ISMENE

So auf mit mir von hier; Antigone, du schütz
hier den Vater; denn kein Kummer kann kommen
den Kindern, die sich kümmern.

CHOR

Fremder: auch wenn es ungut ist, ein lang schon 510
hingestrecktes Übel aufzuwecken: so treibt's
mich doch, zu erfahren –

ÖDIPUS

Was soll das nun?

CHOR

– erfahren die Elendszeichen des ausweglosen Jammers,
der dein Teil ist.

ÖDIPUS

Im Namen der Gastfreundschaft: grab die nicht aus; 515
scheußlich sind die Begebenheiten.

CHOR

Das viel und nie Endende, Fremder,
drängt's mich auf seine Richtigkeit zu hören.

ÖDIPUS

Omoi.

CHOR

Sei so lieb, ich bitte dich.

ÖDIPUS

Feu, feu.

CHOR

520   Gehorch! denn auch ich tu, was du möchtest.

ÖDIPUS

Dem Schlimmsten war ich ausgesetzt, Leute, ausgesetzt
gegen meinen Willen, Gott weiß es.
Nichts davon kam aus dem Vorsatz.

CHOR

Aus was also?

ÖDIPUS

Meine Polis, mit schlimmem Ehelager, hat unwissend525
mich vermählend mich verstrickt ins Unheil.

CHOR

Wie ich höre, hast du also ein vermaledeites
Ehefrauenbett bestiegen?

ÖDIPUS

Ach ich – tödlich ist es, das zu hören,
Leute; die beiden Meinigen da –530

CHOR

Was redest du?

ÖDIPUS

– meine Kinder, die Mädchen, ein Doppel des Unheils –

CHOR

Großer Gott.

ÖDIPUS

– sind aus denselben Wehen wie auch ich hervorgegangen.

CHOR

So sind sie also deine Nachkommen und –

ÖDIPUS

535   – zugleich die Schwestern ihres Vaters.

CHOR

J-oh!

ÖDIPUS

J-oh – Wiederkehr der, ja doch, Myriaden Übel!

CHOR

Du erlittest –

ÖDIPUS

Ich erlitt, was nicht vergeßbar ist.

CHOR

Du tatest – 540

ÖDIPUS

Nicht tat ich –

CHOR

Wie? Was?

ÖDIPUS

Ich bekam, ich Dulderherz, von meiner Polis
ein nie und nimmer gewolltes Geschenk.

CHOR

Unglückseliger – wie? was? Den Mord –

ÖDIPUS

Wie? Was? Was willst du wissen?

CHOR

– am Vater – nein? nicht?

ÖDIPUS

Herrje: Schmerz zu Schmerz, einen weiteren Schlag fügst du mir zu.

CHOR

Du hast getötet –

ÖDIPUS

Ich habe getötet. Es gibt aber etwas –

CHOR

Was?

ÖDIPUS

– etwas, das mir Recht gibt. 545

CHOR

Was denn?

ÖDIPUS

Ich sag'es:
Ohne Bewußtsein nämlich mordete ich und löschte aus;
unbescholten vorm Gesetz, bin ich da unwissend hineingeraten.

CHOR

Und jetzt: unser Herrscher, Theseus, der Aigeus-Sohn:
gemäß deinem Ruf stellt er sich hier ein. 550

THESEUS

Auf die Kunde, durch viele, von früher, von dir
und deiner blutigen Blendung wußte ich: du
bist's, Laios-Sohn, und jetzt, auf die Kunde hin
unterwegs zu dir, ist's mir noch weit gewisser.
Dein Aufzug nämlich und deine unselige Miene, 555
sie zeigen uns, wer du bist, und indem du,
du Unglücksödipus, mich jammerst, möchte ich

erfahren, welches Ansinnen du stellst an mich und
die Polis hier, du selbst und deine unglückliche Begleitschaft.
560 Rück heraus damit. Denn nur wenn du eine schlimme Tat
anführst, träte ich zurück, im Wissen, daß ich doch selber
in der Fremde aufwuchs, wie du, und daß
ich in der Fremde Kämpfe auf mein Haupt nahm
wie kaum sonst ein Mann: so daß ich dem
565 unvergleichlich Fremden, wie du heutzutage einer bist,
ganz und gar nicht den Beistand versagen kann.
Weiß ich doch, ich bin ein Mensch, und daß mir
nicht anders als dir das Morgen sich entzieht.

ÖDIPUS

Theseus, in einem kleinen Wort zeigt sich dein
570 Edelsinn, so daß ich kurz sein kann.
Denn du hast gesagt, wer ich bin und von welchem
Vater ich stamme und aus welchem Land ich
komme. Und so ist's an mir, dir das, und nur das
zu sagen, was ich will, und so ist's ausgeredet.

THESEUS

575 Sprich das nun aus, damit ich's begreife.

ÖDIPUS

Ich bin hier, um dir meinen elenden Leib zum
Geschenk zu machen. Nichts Kostbares daran zeigt sich den
                                                          Augen –
doch der Gewinn durch ihn überwiegt die Schöngestalt.

THESEUS

Was für Gewinn glaubst du zu bringen?

ÖDIPUS

Mit der Zeit magst du begreifen, nicht in der Gegenwart.   580

THESEUS

Mit der Zeit also wird deine Gabe offenbar werden?

ÖDIPUS

Wenn ich sterbe und du mein Bestatter geworden sein wirst.

THESEUS

Das Lebensletzte erbittest du – das aber in
der Zwischenzeit übergibst du entweder dem Vergessen oder
machst dir nichts daraus?

ÖDIPUS

585 Für mich trifft in dem Letzten auch die Zwischenzeit zusammen.

THESEUS

Aber: solch eine Gunst zu fordern ist nicht viel.

ÖDIPUS

Paß nur auf: ganz und gar nicht gering ist das Unternehmen.

THESEUS

Sprichst du um einen deiner Söhne oder um meinetwillen?

ÖDIPUS

Die, die möchten gegen meinen Willen mich dorthin bringen.

THESEUS

Aber ob das nicht auch du willst? Wie kann dir das Umherirren   590
schön sein?

ÖDIPUS

Aber als ich selbst es wollte, waren sie dagegen.

THESEUS

Du Blöder – Begehren im Unglück bringt Ungutes.

ÖDIPUS

Wenn du mehr weißt von mir, weis' mich zurecht; jetzt aber: Laß!

THESEUS

Belehr mich; ohne Einsicht nämlich tut Reden mir nicht not.

ÖDIPUS

Du, Theseus: erlitten hab ich Arges, nach Ärgerem Ärgstes.   595

THESEUS

Sprichst du von der alten Wehsal deines Geschlechts?

ÖDIPUS

Nicht doch: da ein jeder der Griechen davon gellt.

THESEUS

Krankst du also an etwas jenseits des Menschseins?

ÖDIPUS

So verhält es sich: aus meinem Land verjagt
600　bin ich, von den durch mich Gezeugten, und nimmer,
　　　　　　　　　　　nimmermehr winkt
mir die Wiederkehr, mir Vatermörder mir.

THESEUS

Wie also: sie schicken um dich – sie, die dich fernwollten?

ÖDIPUS

Der Göttermund zwingt sie.

THESEUS

Was Schlimmes haben sie zu befürchten von dem Orakel?

ÖDIPUS

Daß dem ganzen Land ein unausweichlicher Schlag droht. 605

THESEUS

Und wie denn wendet sich's zwischen meinem
Bereich und dem ihren zum Bitterbösen?

ÖDIPUS

Ach, du gar liebes Kind des Aigeus, allein den
Göttern wird weder Altwerden zuteil noch je ein Wegsterben.
Alles andere aber haut zusammen die Allherrscherin Zeit.
So wie die Kraft der Erde schwindet, so schwindet die des 610
                                    Körpers.
Abstirbt das Treusein, aufsprießt die Untreue,
und nicht mehr derselbe Seelenwind weht, weder
unter lieben Menschen noch von Polis zu Polis.
Den einen wird jetzt schon, den anderen in der Folgezeit
das Freudige zu Bitternis, und wird wieder Lieblichkeit. 615
Und wenn im Augenblick bei den Thebanern dir gegenüber
das Schönwetter herrscht, so bringt die myriadische
Zeit auf ihrem Gang Myriaden von Nächten wie Tagen hervor,
an denen ein kleines Wort genügt, und die jetzt
so symphonischen Handreichungen brechen auseinander 620

unterm Speer – und derart trinkt mein eingescharrter kalter
Kadaver einmal deren warmes Blut, wenn Zeus
noch Zeus ist, wenn des Zeus Phoibos noch wahr spricht.
Doch unerfreulich, das Unanrührbare mit Worten zu beschallen:
625 laß mich demnach bei denen meines Anfangs.
Und halt dich bloß an dein Versprechen:
denn nicht, sagst du, nahmst du den Ödipus als
einen unnützen Betreter des Orts hier auf –
es sei denn, Götter sind falsch zu mir.

CHOR

Herrscher, der Mensch da zeigte sich schon früher
630 willens zu diesen und weiteren Gelöbnissen fürs Land hier.

THESEUS

Wer denn wiese ab den guten Willen eines solchen
Mannes? Erst einmal ist für ihn hier die
Heimstätte unserer Speergefährten, und er kann da
auf immer zusammen mit uns sein – und dann
ist er hier zum Götterschutzerflehen und
635 stattet diesem Land wie auch mir keinen kleinen Tribut ab.
Und ich, das achtend, weise nie und nimmer
die Freundesgabe dessen da zurück, im Gegenteil,
gemeinde ihn der Gegend ein.
Wenn es den Fremden freut, hier zu bleiben, bestelle
ich dich, ihn zu schützen. Wenn es ihn aber
640 freut, mit mir zu gehen – Ödipus, ich lasse dich
wählen; ich werde einverstanden sein.

ÖDIPUS

Ach großer Gott, gib dich freigiebig mit solchen wie ihm.

THESEUS

Was also wählst du? Zu mir nachhause?

ÖDIPUS

Wenn ich dazu Recht hätte: doch der Ort hier ist einer –

THESEUS

Wo du was vorhast? Ich werde dich nicht hindern – 645

ÖDIPUS

– ist einer, wo ich meine Verjager überwinden werde.

THESEUS

Nach deinen Worten wäre deine Gegenwart ein Großgeschenk.

ÖDIPUS

Wenn du bei dem bleibst, was du mir zugesichert hast.

THESEUS

Sei getrost, ich bin dein Mann; ich lasse dich nicht im Stich.

ÖDIPUS

650 Nicht werd' ich dich, nach schlechtem Vorbild, binden durch einen Schwur.

THESEUS

Nicht mehr hättest du davon als von einem Wort.

ÖDIPUS

Wie geht's nun weiter?

THESEUS

Was macht dich so bedenklich?

ÖDIPUS

Kommen werden Männer –

THESEUS

Darum kümmern sich die von hier.

ÖDIPUS

Schau zu, mich nicht zu verlassen –

THESEUS

Sag mir nicht, was ich zu tun habe.

ÖDIPUS

Ach, zwanghafte Bedenklichkeit!

THESEUS

Mein Herz ist unbedenklich. 655

ÖDIPUS

Nicht weißt du um die Drohungen —

THESEUS

Was ich weiß: daß dich kein Mann von hier
wegbringen wird gegen meinen Willen.
Viele Drohungen drohten, wutentbrannt und
blindlings mit vielen Worten, ein Drohschwall —
660 doch sowie der Verstand dann verständig wird:
weg sind die Drohungen! Wenn es jenen vielleicht
zufloß, schlimm von deiner Verschleppung zu sprechen,
so weiß ich doch, es wird sich ihnen auf dem
Weg hierher ein großes und nirgends schiffbares
Meer zeigen. Auch ohne mein Mitdirsein: ich rede
665 dir zu: Sei getrost — wenn Phöbus dich geschickt hat.
Und ebenso: auch wenn ich nicht bei dir bin, weiß ich,
mein Name wird dich davor bewahren, böse zu leiden. *Ab.*

CHOR

Zu des Gutpferdelands hier, Fremder,
prächtigster Stätte bist gekommen,
670 ins schimmernde Kolonos, wo
das ständige Schluchzen der Nachtigall gar grell

gellt aus den grünen Gründen
der Hauserin im weinfarbenen Efeu

und im unbetretbaren, myriadenfruchttragenden, 675
sonnen- und windlosen, eissturmgeschützten

Gotteslaub: Da tritt ständig auf der
Bacchant Dionysos und ist um die
Göttinnen, die ihn einst säugten. 680

Da blüht unter dem Tau des Himmels
Tag für Tag der traubenschöne Narkissos,
von Anfang her Bekränzung den
großen Göttinnen, und auch der
großgelbe Safran, 685

und keineswegs lassen nach
und schlafen ein
die nomadischen Fluten des Flusses
Kephisos, sondern bringen schnell zum

Tragen, mit ihrem sauberen Schwall, 690
Tag für Tag, die felsbusige Ebene,
und keineswegs auch verabscheuen
es die Chöre der Musen, und keineswegs
auch scheut es die mit den goldenen Zügeln,
Aphrodita.

Es gibt da eine, eine Pflanze, wie ich sie
kenne weder von der asiatischen Erde 695
noch je als Keim von der großen dorischen Insel des
Pelops, eine Pflanze, eine nicht handzuhabende,
eine sich aus sich selbst erneuernde,
einflößend Furcht den Feindseligen,
prangend am Orte hier am stärksten: 700

den funkelnden, kinderernährenden Olivenbaum,
den keiner, weder Junger noch Alter,
wird vernichten, wird ausreißen:
denn das immeroffene Auge des Zeus, des
705 Ölbaumgottes, wird ihn bestrahlen und ebenso
das Blickfunkeln der Athena.

Anderes, Gewaltigstes habe ich zu erzählen
von hier, der Mutter-Polis:
das Geschenk des großen Daimon,
710 mein großmächtiger Stolz,
eú-ippon, eúpolon, euthálasson!
den Pferdeschatz, den Füllenschatz, den Meeresschatz!

Kind des Kronos, herrscherlicher Poseidon,
du nämlich hast solchen Stolz begründet,
indem du den Pferden das heilsame
715 Zaumzeug anlegtest, hier in dessen Ursprungsland!
Und dazu tollt das gutgefertigte Ruderblatt,
den Händen angeschmiegt, über die Salzflut, gewaltig!,
den hundert Füße schwingenden Meermädchen hinterher.

ANTIGONE

720 Ach du so hochgepriesener Landstrich:
nun ist für deine Goldlegende der Augenblick zu glänzen!

ÖDIPUS

Was steht bevor, mein Kind?

ANTIGONE

Es naht sich uns Kreon, Vater,
und ganz und gar nicht ohne Gefolge.

ÖDIPUS

He, ihr lieben Alten, durch euch nur könnte
mir jetzt die Rettung, die endgültige, erscheinen. 725

CHOR

Getrost sei, sie ist da. Denn wenn ich auch alt bin:
die Kraft dieses Landes ist nicht gealtert.

KREON

Noble Einwohnerschaft dieses Bodens:
ich sehe etwas wie frisches Entsetzen, das
eure Augen packte bei meinem Kommen. 730
Das fürchtet weder, noch redet aber eine böse Sprache.
Ich komme nämlich nicht als einer, der auf Schlimmes sinnt,
bin doch alt, und weiß, ich komme in eine starke Polis,
eine, wenn je in Hellas, Megapolis.
Bin ausgesandt, alt wie ich bin, den Mann da 735
zu überreden, mir zu folgen ins Kadmeerland,
und zwar nicht aus eigenem, sondern befohlen vom
ganzen Land – wegen meiner Familienzugehörigkeit kam

es mir in der Polis am stärksten zu, an seinen Leiden da
mitzuleiden.
740 Also: du Dulder Ödipus, hör auf mich, heim mit dir!
Das ganze Kadmeervolk ruft in der Tat nach dir,
und am meisten ich, den, wenn er nicht der
Ärgste unter den Menschen geworden ist, dein
Elend jammert, Alter, im Hinblick auf dich
745 einerseits Unseligen, andrerseits Unbehausten,
fortwährend Aufenthaltslosen, auf den
lebensmittellosen Streuner, zur Seite als einzige Dienerin
das Fräulein, welchselbe ich Trauriger nie je für imstande hielt,
einer Schmach zu verfallen, der Schmach, der ich die
Dysharmonische letztendlich verfallen sehe, die Unglückliche da,
750 die dich ständig Umsorgende, dich und das Haupt, das deinige,
mit einem Landstreicherinnenlebenswandel, und das in
ihrem Alter!,
ohne Aussicht auf Verehelichung, vielmehr Beute des nächsten
Schlechtesten. Und auf Grund dieser schmählichen Schmach
schmähe ich trauriges Ich: dich sowie mich sowie das gesamte
Geschlecht?
755 Jedoch: indem das Offenbare ja nicht zu verbergen ist:
bei den Göttern der Väter: Ödipus: mir vertrauend:
verbirg es doch: indem du einwilligst, dich heim ins Reich
zu begeben, heim zu deinen Väterhäusern: indem du
der Polis hier lieb Ade sagst. Zwar ist die auf
deiner Höhe. Aber die bei uns daheim verdient mit Recht
760 noch mehr als die von altersher bestehende Nährstätte dafür.

ÖDIPUS

He du Frechling der Frechlinge, he du, der du gleich
welch gerechten Grund zu deiner Mauschelmechanik
                          mißbrauchst:
was für Schliche sind das? und warum willst du
mich wieder schnappen, in einer Falle, die für mich
das Elend des Elends wäre? Vormals: ich, krank
an hausgemachten Übeln: und ich da heilfroh, hätte   765
ich ausziehen können von zuhause: und du?
du wolltest mir, der ich das wollte, es nicht zuliebe tun,
aber dann, als mein Außersichsein endlich wieder gut wurde
und es mir süß gewesen wäre, zuhause zu hausen,
dann triebst du mich weg, warfst mich hinaus, und   770
ganz und gar nicht zählte für dich die Verwandschaft.
Jetzt wiederum, da du den Einblick hast in
diese Polis, welche wohlwollend mit mir ist, und in
das ganze Volk hier, versuchst du mich wegzuwürfeln,
sklerotischer Säusler! Und doch: ist das eine
Freude: denen, die es nicht wollen, lieb zu sein?   775
So wie wenn einer dir auf dein beharrliches Bitten nichts
gibt und auch nicht helfen will – jedoch, wenn
dir der Sinn nicht mehr so dringlich danach steht, freigiebig
wird, gibt, wenn der Nutzen keinen Nutzen bringt.
Das, das heißt doch wohl leere Lust liefern, oder?   780
Mit sowas kommst auch du mir jetzt daher?:
adelig die Worte – elendig die Taten. Ich werde mich an die
hier wenden, werde zeigen, wie schlecht du bist.
Du kamst, um mich fortzubringen, aber nicht
etwa zu mir nachhause, sondern um mich nah
bei dir zu haben – damit deine Polis ausschert aus der   785
                          Verfluchung

und verschont bleibt durch die Fluren hier.
Du: nichts da! Was dir aber ja bevorsteht: mein Rachegeist
in den dortigen Fluren für ewig einwohnend!
Und was meinen Kindern bevorsteht: von meinem
Landstrich allein das zu erlangen, was sie fürs
790 Hineinsterben brauchen. Denke ich denn nicht tauglicher
als du über Theben? Bei weitem! Gemäß dem auch, was mir
zu Ohren kam von den Zuverlässigsten – von Phöbus
und auch vom Obergott selbst, der dessen Vater ist.
Und jetzt kommt daher dein doppelbödiger Mund,
795 dein scharfgeschürzter. Indem du so redest,
schaffst du aber wohl mehr Unheil als Heil.
Ich weiß, du bist nicht zu überzeugen. So geh, laß
uns hier leben. Wenn wir uns dessen erfreuen,
wird das trotz allem kein schlechtes Leben sein.

KREON

800 Mit deinem jetzigen Gerede: Meinst du, zu schaden
meiner Sache, oder nicht mehr der deinen?

ÖDIPUS

Es wäre mir das Freudigste vom Freudigen, wenn du
mich genauso wenig herumbekämst wie hier meine Nebenleute.

KREON

Du *Dys-dys-dys*! Nicht einmal die Zeit hat dich
vernunftgenährt, im Gegenteil: dreckunterfüttert dein Alter! 805

ÖDIPUS

Poly-glott, viel-züngig bist du. Aber ich kenne keinen rechten
Mann, der für alles und jedes ein schönes Wort hat.

KREON

Zweierlei, viel zu reden, und das Gemäße zu reden.

ÖDIPUS

So wie demnach deine Rede kurz ist, und gemäß.

KREON

Nur nicht für einen, der denkt wie du. 810

ÖDIPUS

Zieh ab! Das sag' ich auch für die da, und
nimm Abstand, mich zu zwingen, wo ich ab jetzt wohnen soll.

KREON

Sie nehme ich zu Zeugen, nicht dich: mit was für
Worten du deinen Lieben kommst. Wenn ich dich habe –

ÖDIPUS

815   Wer wohl wird mich haben, zuwiderhandelnd meinen Mitstreitern?

KREON

So oder so wirst du Trauer tragen!

ÖDIPUS

Mit welcher Tat stützt du die Drohung?

KREON

Von deinen beiden Töchtern habe ich die eine
gerade gehörig gepackt und wegbringen lassen, und
der andern da steht das bevor.

ÖDIPUS

Oi-moi!

KREON

Gleich wirst du ein noch heulenderes Geheul heulen. 820

ÖDIPUS

Das Kind hast du, meines?

KREON

Und die da binnen kurzem.

ÖDIPUS

Leute, ach: was tun ihr werdet? ausliefern werdet
ihr? und nicht treibt ihr den Gottlosen aus dem Land?

CHOR

Weg, räum den Platz, du Fremder, dalli. Weder 825
nämlich tust du nun das Rechte, noch warst du vorher im Recht.

KREON *(zu seinem Troß)*

Für euch ist das jetzt wohl der Augenblick, sie mit
Gewalt wegzuschleppen, wenn sie nicht gewillt ist, so zu gehen.

ANTIGONE

Weh mir Elendiger, wohin flüchte ich? Wessen Beistand,
der Götter, oder der Menschen, suche ich?

CHOR

Was treibst du, Fremdmann du?

KREON

830 Nicht anrühren werde ich den Mann, doch die, die meinige da!

ÖDIPUS

Oh ihr Landesobern!

CHOR

Ah du Fremdmann: nichts Rechtes treibst du.

KREON

Rechtes!

CHOR

Wie? Rechtes?

KREON

Die Meinigen führe ich fort.

ÖDIPUS

Io! Polis!

CHOR

Ach, Fremdmensch, was treibst du? Hände weg,
oder –! Oder du bekommst gleich meine Hände zu kosten.

KREON

Halt dich heraus. 835

CHOR

Nicht aus dir, du Täter.

KREON

Wenn du mir etwas antust, heißt das: Krieg gegen meine Polis.

ÖDIPUS

Na, hab ich es nicht gesagt?

CHOR

Weg mit deinen Händen, dalli, von dem Mädchen!

KREON

Leg mir nicht etwas auf, was nicht in deiner Macht steht.

CHOR

Ich sag dir: Weiche!

KREON

840   Und ich dir: geh deines Wegs!

CHOR

Lauft her! Lauft, lauft, *Entopoi*, Ortsleute, Ortssassen!
Die Polis wird bedroht, mit Gewalt, meine Polis, unsere –
lauft mir zu Hilfe her!

ANTIGONE

Leute, ach Leute, man schleppt mich Arme weg.

ÖDIPUS

Wo, Kind, wo bist du mir?

ANTIGONE

Wegzerrt man mich. 845

ÖDIPUS

Streck die Hände aus, mein Kind, die Hände.

ANTIGONE

Zu schwach bin ich.

KREON *(zum Troß)*

Ihr da, was ist? Warum nicht weg mit ihr?

ÖDIPUS

Ach ich Gestalt des Jammers.

KREON

Nie wieder wirst du krabbeln mit diesem deinem Blindenstock.
Wenn du deine Heimat überwinden willst, und
deine Sippe, über die ich gestellt bin als der
850 Vollstrecker und zugleich als der Oberherr:
so überwinde! Mit der Zeit, ohne jeden Zweifel,
wirst du erkennen, du tust jetzt, so wie auch
früher, ganz und gar nichts Schönes für dich selbst,
indem daß du handelst wider deine Sippe, aufgeblasen
855 von jener Neigung, von welcher ohne jeden Zweifel du seit
       jeher schon verdorben warst.

CHOR

Finger weg, Fremder!

KREON

Faß mich nicht an!

CHOR *(führer)*

Nie und nimmer laß ich von dir ab, du Räuber.

KREON

Noch größeren Raub für deine Polis bewirkst du so im Hand-
                                                   umdrehn:
denn greifen werde ich nicht nur diese Jungfer da.

CHOR

Auf was zielst du?

KREON

Den da schnapp' ich mir und ab mit ihm.   860

CHOR

Furchtbares faselst du.

KREON

Das wird nun durchgeführt –
außer der Landeshäuptling hält mich ab.

ÖDIPUS

Was für schamlose Töne! Was, du faßt mich an?

KREON

Ich tönen – du schweigen.

ÖDIPUS

    Ah, daß die hiesigen Göttinnen mich nicht sprachlos
865 lassen für mein Fluchgebet jetzt, vor dir, du
    Ärgster der Argen, der mir, nach dem Verlust
    der Augen, das armselige dritte Auge entreißt
    und damit abhaut: So gebe denn der alles
    bestrahlende Sonnengott dir und den Deinen ein
870 genausolches Leben wie das, an dem ich wegsieche.

KREON

Seht ihr's, ihr Landleute?

ÖDIPUS

Sie sehen sowohl mich als auch dich, und begreifen,
wie ich, Opfer von Taten, mich wehre mit Worten.

KREON

Ich stelle meine Wut nicht mehr hintan – mit Gewalt weg
                                                        mit dem,
auch wenn ich's allein tu, schwer vom Altsein. 875

ÖDIPUS

I–o! Talas!

CHOR

Was für ein Trieb, daherzukommen, Fremdmensch du,
und zu meinen, du könntest erfolgreich sein.

KREON

Ja, das meine ich.

CHOR

Demnach gehört die Polis nicht mehr mir?

KREON

880 Der Schwache, ist er der Rechtmäßige, besiegt den Großen.

ÖDIPUS

Hört ihr, was er tönt?

CHOR *(führer)*

Er wird erfolglos bleiben, Gott weiß es.

KREON

Meinetwegen weiß es Gott – du aber nicht.

CHOR

Wenn das nicht Hybris ist!

KREON

Hybris, aber zu erduldende.

CHOR

I–o! He, alle von hier, he, her mit euch, Landesobere,
schnell, schnell – sie machen sich davon! 885

THESEUS

Was soll das Geschrei? Welche Machenschaft? Welch
Graus treibt euch, mich abzuhalten vom Rinderopfer
am Altar, für den Salzflutgott, den Beistand hier von
Kolonos? Heraus mit der Sprache, damit ich's weiß von Alpha
                                                        bis Omega,
warum ich hierher geschnellt bin, – schneller als es den Beinen 890
                                                        lieb war.

ÖDIPUS

Ach, Wertester – denn ich erkenne dich an deiner Aussprache – :
scheußlich wurde mir eben mitgespielt von seiten dieses
                                                        Menschen.

THESEUS

Wie das? Wer ist der Unglückstifter? Sprich!

ÖDIPUS

Der Kreon da, den du siehst, zieht ab nach der
Verschleppung meiner Einzigen, meines Kinderpaars.

THESEUS

895 Was erzählst du?

ÖDIPUS

Du hast genau gehört, wie man mir mitspielte.

THESEUS

Daß einer aus meiner Begleitung hurtigst sich
aufmacht zu den Altären und das ganze Volk dort,
sei es unberitten oder beritten, dazu bringe, daß
900 es mit verhängtem Zügel sich spute, gerade dahin, wo die
zwei Überlandwege zusammentreffen, und daß
die Koren, die Jungfraun, nicht weitergehen! Und
daß ich nicht zum Lachmann werde in der Hand
des Fremdmanns da! Auf, geschwind, so ist mein Befehl.
905 Der da aber, wenn ich mich gehen ließe in dem Zorn,
der ihm gebührt: nicht unversehrt käme er mir
aus meiner Hand! Indem der aber seine Selbstgesetze
jetzt hier propagiert, werden diese, nicht andre, für
ihn gelten. Also: du wirst dieses Land hier nicht
verlassen, ehe du jene Mädchen nicht herführst und
910 in ihrem vollen Glanz mir hinstellst. Indem du
gehandelt hast sowohl wider meine Würde als
auch wider die des Landes, wo du herstammst,
als einer, welcher einfällt in eine Polis, die das
Recht pflegt, und die ohne ein Gesetz nichts
915 schafft, stürzt du dich, hohnlachend der Hoheit des

Ortes, auf das, wonach dir der Sinn steht, und
zerrst es hinweg, nimmst es mit Gewalt. Und
du meintest wohl, meine Polis sei ohne Männer
oder eine Sklavenpolis, und ich, ich sei so gut wie nichts.
Freilich hat dein Theben dich nicht zum Bösen
aufgezogen, denn seine Sache ist es nicht, Gesetzlose   920
großzumästen, und so hieße es nicht gut, erführe
es von deinem Plündern meines und der Götter Gut,
indem du unglückliche, schutzflehende Geschöpfe brutal
                                        verschleppst.
Nie würde ich einfallen in dein Land, und beanspruchte
ich auch volle Rechtfertigung gegen den Bestimmenden   925
dort – und wer der auch sei; würde nie und nimmer
jemand aus dem andern Land greifen oder verschleppen –
                                        vielmehr
wüßte, ja, wüßte, wie ein Fremder sein Leben auszurichten
hätte bei den Bürgern einer andern Polis!
Du freilich schändest deine eigene Polis, die das nicht
verdient. Und die Fülle der Zeit macht dich zum Greis   930
und zugleich zum Hirnlosen. Ich hab's schon
vorher gesagt, und ich wiederhole es jetzt: daß man die
Mädchen auf der Stelle hierher bringe, wenn du
nicht hierzulande aushäusig werden willst,
gewaltsam und nicht aus freien Stücken. Und das   935
sage ich dir zugleich im stillen wie auch lauthals.

CHOR

Siehst du, wie du dran bist, Fremdmann? Zwar hast
du den Anschein von Rechtschaffenheit, tust aber in Wahrheit
                                        Böses.

KREON

Ich halte, o Sohn des Aigeus, diese Polis nicht
940 für eine ohne Männer, und nicht, wie du meinst,
übelwollend bin ich ans Werk gegangen, im
Wissen, daß hier Gier bezüglich meiner
Blutsverwandten nie Sache wäre, daß, diese durchzufüttern
mir zum Trotz, niemals in Frage käme. Wußte ich doch,
945 ihr würdet den Vatermörder und Unreinen nicht
aufnehmen, nicht aufnehmen einen, bei dem offenbar eine
                unheilige Mutter-Sohn-Ehe vollzogen wurde.
Und ich wußte zudem, es gebe hierzuland einen
wohlbegründeten hohen Areopagbeschluß, der nicht zuläßt,
daß solch Streuner den Stadtstaat strapazieren.
950 Des Glaubens war ich, indem ich Hand an diesen Vogel legte.
Und solches hätt' ich nicht getan, wären von ihm nicht
Fluchgebete fluchgebetet worden gegen mich und meine Sippe:
ich, denen ausgesetzt, glaubte mich im Recht, gegenzuhandeln.
Denn nicht das Altwerden ändert den Sinn – nur das Sterben.
955 Von keiner Empfindung angetastet werden allein die Toten.
Angesichts dessen wirst du das tun, was du willst: denn
die Einzahl, in der ich bin, auch wenn ich so noch Rechtes rede,
                                              macht,
daß ich gar nicht zähle; angesichts dessen, was du
tun wirst, werde ich gegenzuhandeln versuchen, so alt ich auch sei.

ÖDIPUS

960 He: unverschämter Aufbrauser: über wen hebst du dich?
Über mich Alten oder über dich selber?
Wie doch dein Mund tönt von den Morden und

Heiraten und allen den Elendigkeiten, welchen ich
Elendiger unfreiwillig unterworfen wurde! Nämlich das
war ein Vergnügen von Göttern, bei welchen plötzlich ein
alter Groll gegen mein Geschlecht Gestalt annahm. 965
Nämlich, was mich selbst betrifft, fändest du keinerlei
Sündenflecken, die mich bestimmt hätten zum Sünder
an mir selbst und an den Meinen. Nämlich
belehr mich: wenn dem Vater durch das Orakel ein
Gottesspruch zukam, des Inhalts, daß er sterben werde 970
durch sein Kind: wie nämlich etwa wolltest du mich
rechtens beflecken, der welcher ich da weder irgendwie des
                                  Vaters Zeugungs-
noch der Mutter Empfängnisspuren aufwies, vielmehr da
nämlich ungezeugt, beziehungsweise ungeboren war?
Und wenn die unselige Erscheinung, als die ich dann
erschien, dem Vater in die Quere kam und ihn ermordete 975
ohne Bewußtsein ihrer Tat und gegen wen die Tat:
wie sie rechtens beflecken wegen einer nicht freiwilligen
                                  Handlung?
Und was meine Mutter angeht, du Elender, die zugleich deine
Schwester ist, so schämst du dich nicht, mich zu zwingen,
meine Ehe mit ihr zu erzählen – was ich auch unverzüglich
                                  tun werde:
nämlich nicht werde ich, fürwahr nicht, schweigen, zu deinem 980
heillosen Maulausfluß. Ah, weh mir: sie hat mich nämlich
geboren, hat mich geboren, unwissend sie, unwissend ich,
und als meine Gebärerin hat sie mir, sich zur Schande,
Kinder geboren. Eins aber weiß ich nämlich wirklich: 985
zu Fleiß zerreißt du dir über mich dein Maul –
ich dagegen heiratete nicht zu Fleiß, und nicht zu Fleiß
auch spreche ich jetzt davon. Nichts mehr nämlich
will ich hören von mir als dem Schlechten, als den

du ewig, bezüglich jener Ehe und des Erschlagens des
990 Vaters, ranzig mich schmähend mich belastest.
Nämlich ein einziges von dem, was ich wissen will,
beantworte mir: Falls hier im Augenblick einer
käme, dich, den Gerechten, zu ermorden – würdest du fragen, ob
dein Mörder etwa dein Vater sei, oder würdest du ihn
unverzüglich abstrafen? Ich meine nämlich, du würdest,
995 falls du das Leben liebst, den Bösewicht abstrafen,
und nicht erst äugen, ob das gemäß ist. Desgleichen
Böses zog ja genau ich auf mich, göttergesteuert.
Und ich glaube, die Seele meines Vaters, lebte sie,
würde mir darin nicht widerreden. Du aber, der du
1000 nämlich kein Gerechter bist, vielmehr einer, dem Schönreden
das Um und Auf ist, ohne Unterschied zwischen dem
Aussprechbaren und dem Unaussprechlichen, du aber
machst mich nieder vor denen da! Und zu deinem
Schönreden gehört auch, daß du dem Namen Theseus
schmeichelst, und Athen, und wie Athen so schön
1005 bestellt sei. Und bei dem Gehudel vergißt du
aber, daß, wenn ein Land die Götter fromm zu ehren weiß,
es dieses ist, unübertrefflich! Und ihm
stehlen wolltest du mich asylsuchenden alten Mann,
indem du nämlich Hand anlegtest an mich wie an
die Mädchen, die du dir schnapptest – und ab mit uns!
Dafür rufe nun ich die Göttinnen mir zur Hilfe und
1010 stürze mich auf sie mit Bitten, zu kommen als Helfer und
Mitstreiter, damit du lernst, von was für
Leuten die Polis denn umsorgt wird.

CHOR

Der Fremde, o Führer, ist recht. Bloß sein Geschick
ist ganz verdorben. Wie steht ihm Hilfe zu! 1015

THESEUS

Genug der Worte. Während die Räubersleute sich
sputen, bleiben wir duldend auf der Stelle.

KREON

Was befiehlst du denn mir Schwachem?

THESEUS

Mir vorauszugehen auf dem Weg; ich mit auf dem
Marsch: so, wenn du die Mädchen hier an einer Stelle 1020
festhältst, wirst du sie selbst mir zeigen! Wenn
aber die Zwingburschen mit ihnen auf und davon sind:
ich krümme keinen Finger: denn andre sind ihnen auf
den Fersen, und dieser andern wegen werden sie sich
bei den Göttern niemals rühmen für die Flucht von hier. 1025
So: geh voraus. Und wisse: so wie du hast, wirst du
gehabt! Und über dir Jäger ist zugeschnappt die Tyche, 1030
                das Schicksal;
denn das unrechten Sinns Erworbene bleibt mitnichten!
Und keinen andern wirst du mehr zur Seite haben, weiß ich
dich ja nicht ganz aus dem eigenen und ungeleitet in diese

1030 deine Überhebung bis hin zur offenbaren Frechheit jetzt geraten.
Du hast bei deinem Tun auf jemanden gezählt.
Das muß ich bedenken, und dazu: daß diese Polis hier
nicht etwa schwächer dasteht als ein Einzelwesen.
Begreifst du etwas davon? Oder dünkt dir das jetzt
1035 als leeres Getön wie da, dort, als du dein Ding drehtest?

KREON

Nichts, was ich tadeln kann, wirst du mir sagen hier am Ort.
Daheim bei uns nichtsdestoweniger werden wir wissen,
                      was Sache ist.

THESEUS

Prahle – drohe – aber geh! Du aber, Ödipus,
bleibe beruhigt bei uns und hab Vertrauen, daß,
1040 soferne ich nicht sterbe vor der Zeit, ich nicht
ruhe, ehe ich dich nicht wieder zum Herren deiner Kinder mache.

ÖDIPUS

Dank, Theseus, für deine Großmut und deine
Fürsorge, die so gemäße, für unsereinen.

CHOR

Wär ich doch dort, wo nun im Handumdrehn
der Schwenk der Feinde den   1045
Bronzeschall der Schlacht
auslösen wird, ob beim Apollotempel –,
ob beim Fackelgestade,

wo die Eleusischen Herrinnen   1050
heilige Mysterienmessen feiern für jene der Sterblichen,
auf deren Zunge der goldene Schlüssel
gelegt wurde von der Dienerschaft der Eumolpiden.

Dadort, glaub ich, wird er, der schlachtauslösende
Theseus, zu Hilfe gekommen dem entführten jungfräulichen   1055
                              Schwesternpaar,
im Handumdrehn seinen nicht schlechten
Schlachtschrei ausstoßen,
hin über das Land.

Es sei denn, die Flüchtigen nähern
sich auf dem Weg über die Oiatidischen   1060
Triften den Westflanken des Schneefelsens,
ob auf Füllen, ob auf schnellen
Kampfwagen?

Gefangen sollen sie werden!   1065
Gewaltig der auf sie zukommende Krieg,
gewaltig die Theseidische Tatkraft.

Denn aller Zaum und Zügel blitzt –,
all das Aufsitzen, all das Anstürmen

mit verhängten Zügeln, der Jungen,
welche die Pferdegöttin Athena verehren
und den erdumspannenden Meergott,
den lieben Sohn der Rhea.

Agieren sie, oder steht das Agieren erst bevor?
1075 Ich ahne, ich weiß,
im Handumdrehn ist sie gerettet,
die Arges mitmachte, der Arges begegnete
von Seiten eines aus dem eignen Blut.
Schluß macht, Schluß macht damit Zeus, heute!
1080 Seher bin ich nobler Gefechte.
Möchte, windflinke Wildtaube,
flitzen zu den Wolken im Äther und
mein Auge schweifen lassen über das
Kampfgetümmel!

1085 Ah, Zeus, Allererster der Götter
Allesseher, oh du, öffne denen von hier
den Weg, mit sieghafter Kraft: das
gut zu erjagende Wild zu erledigen,
1090 und auch du, seine fromme Tochter, Pallas Athena.

Und auch den Jäger Apollon,
und auch dessen Schwester, die
Gefährtin der gesprenkelten schnellfüßigen Hirsche,

gehe ich an um zweifachen
1095 Beistand für dieses Land und dessen Bürger.

Ah, du fremder Irrgeher wirst deinen Zuschauer
nicht Pseudoseher nennen! Nämlich ich

sehe die Mädchen, sie kommen näher, sie
werden hierher zurückgeleitet.

ÖDIPUS

Wo? Wo? Was sagst du? Wie redest du?

ANTIGONE

Vater, ach, Vater. – Welcher Gott gibt dir den   1100
herrlichsten der Männer zu sehen, den,
der uns dir wiedergebracht hat?

ÖDIPUS

Kind, ach! Seid ihr zu zweit?

ANTIGONE

Ja doch – denn gerettet haben uns die
Hände des Theseus und seines lieben Fußvolks.

ÖDIPUS

Her mit dir, mit euch, Kind, Kinder, zum Vater,   1105
und gebt mir zu betasten das nie mehr erhoffte Dasein eurer
                                                     Leiber.

ANTIGONE

Dein Wille wird geschehen. Deine Liebe ist eins mit meiner Sehnsucht.

ÖDIPUS

Wo, Himmel, wo seid ihr?

ANTIGONE

Hier sind wir, ganz dir da!

ÖDIPUS

Aah! Fleisch von meinem Fleisch, allerliebstes!

ANTIGONE

All-lieb wir dir, unserm Erzeuger!

ÖDIPUS

Aah, meine Lebensstützen ihr.

ANTIGONE

Bloß: elende, eines Elenden.

ÖDIPUS

Ich habe hier das mir Liebste, und auch
im Sterben wäre ich nicht allelend, mit euch als Gegenwart.
Schwing, Kind, schwingt, Kinder, euch links und rechts mir
                                      an die Seite,
und schmiegt euch an den, der sich anschmiegt,
und setzt ein Ende, endlich, dem einsam-traurigen Umhergeirre!
Und erzählt mir in Kürze das Geschehene – euch
Jungen nämlich genügen die kurzen Sätze.

ANTIGONE

Da, unser Retter. Auf ihn ist zu hören, Vater,
und so bleibt dir zulieb mein Beitrag kurz.

ÖDIPUS

Ach, Fremder, wundere dich nicht gar zu sehr,
wenn ich mit dem Erscheinen, unverhofft, der Kinder
die Sätze in die Länge ziehe. Durch wen sonst
als dich denn, gewiß, ist der Jubel mir zuteilgeworden?
Du nämlich hast sie, und sie, gerettet, kein anderer,
und die Götter mögen dir bescheren, was mir vorschwebt,
so wie dir selbst auch hier dem Land. Denn

unter der Menschen fand ich allein bei euch etwas wie eine Seele:
sowohl das Maßgebende als auch das Nichtfalschreden.
Das weiß ich, und das zahle ich zurück mit diesen Sätzen.
Ich habe, was ich habe, durch dich, keinen andern.
1130 Und so, König, reich mir die Rechte, daß ich
sie betaste, daß ich, wenn's gestattet ist, dir das Haupt küsse.
Aber was töne ich da? Wie will ich Unseliger von Geburt,
daß du anrührst einen Menschen, welcher den Stempel
der Übel in sich trägt? Nein, ich berühr dich nicht,
1135 und ich lasse mich nicht berühren. Denn allein
die mit der gleichen Erfahrung dürfen da mithineingezogen werden.
So, aus dem Abstand: sei mir bedankt! Und bleib
mir auch künftig sorgend so gewogen wie bis heute.

THESEUS

Daß du deinen Sätzen Länge und Fülle gabst,
1140 im Frohlocken über deine Kinder, so erstaunt mich
das gar nicht, und auch nicht, daß du die Worte
jener den meinen vorzogst. Das hat für mich
keinerlei Gewicht. Was mich betrifft, will ich nicht
durch das Reden dem Leben den Glanz aufsetzen,
1145 vielmehr durchs Tun. Es stimmt doch, oder?:
Was ich gelobte, dir, alter Mann, habe ich verwirklicht, oder?:
Die da: als Lebende hab ich sie hierhergebracht, unversehrt
aus der Bedrohung. Und wie der Kampf gut ausging:
warum damit prahlen – du kannst's von denen hören.
1150 Freilich kam mir eben auf dem Weg hierher etwas zu
Ohren. Klär mich dazu auf: Wenn es vielleicht auch
rasch geklärt ist: zum Staunen ist es allzumal.
Kein Mensch darf sich erlauben, ein Pragma geringzuschätzen.

ÖDIPUS

Worum geht es, Aigeus-Kind? Bring es mir bei,
mir, der ich nicht weiß, wonach du fragst. 1155

THESEUS

Man sagt mir, ein Mann, nicht dein Mitbürger,
sondern dein Verwandter, habe sich hingestürzt
zum Altar des Poseidon und kauere da, wo ich
hinkam und opferte, bevor ich mich hierherbeeilte.

ÖDIPUS

Wo ist er her? Worauf ist er aus bei seinem Schutzsuchen? 1160

THESEUS

Ich weiß nichts, außer eins: von dir erfleht er, sagt
man, ein Gespräch, ein kurzes, nicht zu gewichtiges.

ÖDIPUS

Was denn für eines? Solch eine Haltung hat wohl ihren Grund.

THESEUS

    Zu dir für ein Gespräch zu kommen, sagt man, sei
1165 sein Begehren, und danach schnurstracks den Weg zurück
                                     zu nehmen.

ÖDIPUS

Wer kann der sein, der derart im Gebet kauert?

THESEUS

Schau: Gibt's nicht in Argos einen Anverwandten,
der auf etwas von dir aus ist?

ÖDIPUS

Herrje: hör auf, nicht weiter.

THESEUS

Was ist dir?

ÖDIPUS

Du sollst nicht in mich dringen –

THESEUS

Worum handelt es sich? Rede! 1170

ÖDIPUS

Ich habe verstanden. Ich weiß, wer der Beter ist.

THESEUS

Und wer ist er, und was habe ich an ihm zu tadeln?

ÖDIPUS

Mein Sohn ist es, o König, der abscheuliche, dessen
Stimme mir unter allen Menschen die unerträglichste wäre!

THESEUS

Wie denn: du kannst doch anhören, und aber 1175
dann nicht tun, was dir widerstrebt? Wie
kann's dich kränken, ihn anzuhören?

ÖDIPUS

Dem da seine Stimme, ach König, berührt den
Vater als die verhaßteste! Und zwing mich nicht zum Nachgeben!

THESEUS

Aber wenn der Zwang von seinem Beten kommt?
1180 Sieh also zu, daß dir nichts droht von seinem Schutzgott.

ANTIGONE

Vater, hör auf mich, ich warne dich, wenn ich auch jung bin.
Laß den Mann da sowohl sich selber gut
sein als auch dem Gott, gemäß seinem Willen,
und uns Schwestern zuliebe laß den Bruder kommen!
1185 Denn nicht wird er dich doch, behüte, abbringen von
dir selbst, wenn er dir Widriges von sich gibt.
Zuhören ein Schaden? Böses Sinnen verrät sich im Reden!
Du hast ihn gezeugt – so daß dir, Vater, selbst
1190 wenn er die ärgsten Freveleien gegen dich beginge,
verwehrt ist, arg gegenzufreveln! Auch anderen
Erzeugern wurden einst arge Gezeugte zuteil, und damit
Geheul und Zähnegeknirsche – aber Versöhnung griff
ein mit den zurechtrückenden Versöhnungsliedern der Lieben.
1195 Und so betrachte du das Einstige, und nicht das Jetzt,
das dir Zuteilgewordene von Vater und Mutter her!
Und wenn du so das Einstige beleuchtest, erkennst
du ohne jeden Zweifel, wie arger Sinn ein arges Ende zeugt.
Heißt es dir denn so wenig, an dein gelöschtes
1200 Augenlicht zu denken, dessen du beraubt bist?
So gib uns nach. Nicht schön, die nach dem Rechten
Trachtenden so hinzuhalten und nicht, daß der,
dem Gutes widerfuhr, das nicht zurückzuzahlen weiß.

ÖDIPUS

Kind, mit solchem Reden besiegt ihr mich: doch schwer,
sich zu freuen. Es sei, wie es euch beliebt. 1205
Eins nur, Fremder: wenn derjenige hierherkommt,
soll niemand mehr sich meiner bemächtigen.

THESEUS

Ah, alter Mann: ein für alle Male gilt das. Nicht nötig,
es zweimal zu sagen. Ich will mich nicht brüsten:
aber du sollst wissen, daß du hier gerettet bist – 1210
solang es auch für mich einen Gott-Retter gibt.

CHOR

Wer auf einen größern Teil des Lebens als den
angemessnen aus ist, der –
ist das nicht offenbar? –
ist tölpelhaft vor dem Geschick.

Ach, die Tage, Tage und Tage 1215
waren näher der Trauer –
das Freudige, wo nur ließ es
sich sehen? nirgendwo:

sowie man sich auf mehr stürzte
als was gebührte. Der Helfer? Das einem 1220
jeden gleiche Ende: das Ende der Enden: der Tod,
wenn es in der Stunde des Hades

aus ist mit den Hochzeitsliedern, aus mit der Lyra,
aus mit dem Rundtanzen.

Ungeboren bleiben sticht jeden
1225 sonstigen Sinn! Und das Abgehn, möglichst
gleich nach der Geburt, dorthin, wo man
herkam: das zweitbeste Blatt!

Sowie das erste Alter mit seinem
1230 leichten Sinn und seiner Unbekümmertheit dahin ist:
welch Überelend blieb dann noch draußen? Welches
der Übel trat nicht ein?

Morde, Aufruhre, Zwist, Schlachten,
und überhaupt: die Mißgunst; und hinterher,
1235 als hinterletztes Schandlos,
das unfähige, das ungesellige Alter, das
unfreundliche, so daß zuletzt das Allübel
haust mit den anderen Übeln.

Das gilt nicht für mich allein, sondern auch für
1240 den Elenden da, wie ein Nordkliff gepeitscht
allseits von den Wellen und bestürmt vom Wintersturm:

Auch ihn bestürmen von spitzoben her,
wie herbrandende Wellen, ohne von ihm
abzulassen, gräßliche Gewalten,

1245 die einen vom Sonnenuntergang her,
die andern vom Aufgang,
wieder andere im Mittagsstrahl,
wieder andere nächtens vom Nordgebirg her.

ANTIGONE

Und jetzt, glaube ich, kommt er uns, der Fremde,
ohne Gefolge, Vater, und im Sichnähern　　　　　　　　　　1250
entfließen ihm, entströmen ihm die Tränen.

ÖDIPUS

Wer ist er?

ANTIGONE

Der, den wir gleich im Sinn hatten:
Polyneikes ist da!

POLYNEIKES

Oimoi, was tu ich? Beweine ich, Kinder, erst
meine Übel, oder, im Blick auf ihn, die meines　　　　　　　1255
greisen Vaters? Den ich hier in dem fremden
Land mit euch beiden finde, ausgestoßen,
und in einem Gewand, in welchem der
böse alte Dreck nistet und dem Alten die
Rippen abnagt, während überm augenlosen
Schädel im Wind die ungewellten Haare wehen!　　　　　　 1260
Und damit stimmt, so scheint mir, überein
die mitgeführte Nahrung für seinen
Mangelmagen. Und ich Allverlorner lerne viel
zu spät, und bezeuge: der übelste der Menschen

1265 war ich, was die Sorge um dich anging.
Von mir hör das, und nicht von andern.
Aber es gibt bei allem Tun für den Zeus auf seinem
Throne einen Beisitzer, Aidos, die Verzeihungsgöttin,
und auch dir, Vater, trete sie nun bei!
1270 Für das Begangene gebe sie Stillung, und nicht Vermehrung!
Du schweigst?
He, Vater: sag was! Wende dich nicht ab von mir!
Keine Antwort von dir? Stattdessen entehrst du mich,
indem du mich lautlos wegschickst, ohne deiner Wut Gestalt
                zu geben?
1275 He, ihr Töchter dieses Menschen, Schwesternherzen:
versucht doch ihr, dem Vater den so unzugänglichen
und wortfaulen Mund aufzubekommen, auf daß
er an mir, dem Gottesanbeter, bloß nicht frevle, indem
er mich wegschickt ohne ein einziges Wort als Antwort!

ANTIGONE

1280 Sag selber, du Ärmster: aus welcher Not kommt dein Hiersein?
Denn immer wieder machen Worte, entweder freudestiftende,
oder auch Unwillen erregende, oder auch Mitgefühl
weckende, den Stimmlosen stimmhaft.

POLYNEIKES

So will ich mich ausreden! Schön nämlich legtest du mich aus!
1285 Erst einmal nehm' ich den Gott als Beistand, von dessen Stätte
der Landesherr mich aufstehn und hierherkommen ließ,
mit der Zusicherung des Redens und Hörens, und des

geschützten Rückwegs. Und das will ich nun auch
von euch, ihr Fremden, und von den Schwestern,
und von meinem Vater erlangen. Um was ich kam: 1290
das möchte ich dir jetzt sagen, Vater. Ein
Flüchtling bin ich, bin weggejagt vom Vaterland,
weil ich, der Ältere, Anspruch auf deinen
Allmachtsthron erhob. Und landverwiesen hat
mich Eteokles, der jünger ist, und die Oberhand 1295
behielt er weder durch Logik, noch auch durch
einen Kampf oder Tatbeweis, sondern indem er's der Polis
einflüsterte. Die Hauptursache dafür ist, wie ich
meine, der Erynnienfluch auf dir, so wie ich das auch
von dem Orakel zu Ohren bekam. Nach Argos in Dorien 1300
gelangt, als Schwiegervater des Adrastes
und als Verbündete die, welche im Apisland, dem
Peloponnes, die Ersten der Speerkämpfer heißen und dafür
geschätzt werden, sammelte ich ein siebengruppiges
Heer und wollte entweder im guten sterben oder 1305
meinerseits die Täter zu Landesvertriebenen machen.
Gut! Wozu aber bin ich jetzt hier? Flehentliche
Bitten, ach Vater, habe ich an dich, um meiner
selbst und meiner Mitkämpfer willen, welche 1310
im Augenblick mit den sieben Schlachtordnungen ihrer
sieben Heeresgruppen die ganze Thebanische Flußebene
umzingelt halten. Der eine ist Amphiareos, der
Speerschwinger, überragend sowohl mit dem Speer als auch
im Lesen der Vogelflugwege; der zweite ist 1315
Tydeus aus Ätolien, Sproß des Oineus;
der dritte Eteoklos der Argeer; als vierten
hat mir geschickt sein Vater Talaos seinen Hippomedon;
der fünfte ist Kapaneus und schwört zum Himmel,
die Burg von Theben auf Dauer niederzubrennen;

1320 und als sechster zieht los Parthenopaios, aus Arkadien,
benannt so, Jungfrauensproß, nach seiner lang unvermählten
                                                 Mutter,
er, ihrer entbunden, treuer Sproß der Atalante.
Und ich nun, der deine, oder nicht der deine, sondern
die Ausgeburt des Elendsloses, der deine nur so genannt:
1325 ich führe das furchtlose Argeerheer gegen Theben.
Wir alle zusammen, wir bitten dich bei den Mädchen
hier und bei deinem Seelenleben, Vater, und flehen
dich an, nachzulassen in deiner schweren Wut, für
den Menschen, der, ich, hierherkam, auf dem Weg, es
meinem Bruder heimzuzahlen, er, der mich
1330 ausgeplündert hat und verstoßen aus dem Vaterland.
Denn wenn zu trauen ist den Sprüchen des Orakels,
dann winkt die Macht denen, für die du bist.
So flehe ich dich jetzt an bei den Wasserquellen, bei den
Göttern unseres Geschlechts, dich einzulassen und nachzugeben,
1335 Bettelleute sind wir nämlich, und Fremdlinge, und Fremdling
                                                 bist auch du!
Und als solche hausen wir, du und ich, als Liebediener
der andern, beschert mit demselben Geschick.
Und der Hausbeherrscher dort – ach, ich armes Ich! –,
er belacht uns, in aller Öffentlichkeit, in voller Pracht!
1340 Den, wenn du nur meinem Ansinnen beistehst,
ich kurzerhand im Handumdrehen auseinandernehmen werde!
So, daß ich dich in deine Häuser führen und einsetzen,
und mich selber da einsetzen werde, indem ich denjenigen
                                                 hinauswerfe.
Und davon kann ich freilich nur künden, wenn du
1345 mit dabei bist: ohne dich: rettungslos.

CHOR

Ödipus, im Namen dessen, der ihn geschickt hat:
schick den Menschen da weg nur mit hilfreichen Worten.

ÖDIPUS

Ah, ihr Mächtigen dieser Gegend hier, hätte es sich nicht
getroffen, daß der, der mir den da daherschickte, Theseus ist, der
mir auftrug, zuzuhören: nie und nimmer wohl 1350
wäre dem da meine Stimme vernehmlich geworden.
So aber wird er abgehen, von mir beurteilt und
in den Ohren Worte, wie sie ihn nie und nimmer
lebensfroh werden stimmen. Der du, du Wicht,
Szepter und Thron innehattest, welche jetzt dein Bluts- 1355
                      verwandter
innehat, in Theben drüben, der du höchstselbst
von dortselbst hast den Vater vertrieben, der du
ihn staatenlos hast gemacht und ihn gesteckt hast
in die Gewänder, die du nun beschaust und beschluchzt,
nun, da es sich trifft, daß du bist glücklich geglitscht in
den gleichen Mist wie ich: Nichts zu beschluchzen 1360
gibt es – höchstens durchzustehen, von mir, mein
Lebtag lang, eingedenk dessen, daß du mein Mörder bist!
Du nämlich hast mich eingepflanzt in diese Misere,
du hast mich fortgejagt, deinetwegen irre ich umher
und bettle andere an fürs tägliche Leben. Wären
mir nicht als Pfleger meine Töchter geboren: ob ich 1365
noch wäre? ob ich – was dich angeht – nicht mehr wäre?
Sie sind's, die mich augenblicklich erhalten, die meine Pfleger
                               sind,

sie sind Männer, nicht Frauen, sind die Nothelfer.
Ihr Brüder aber seid gemacht von einem andern, nicht von mir.
1370 Und also hat der Gott dich schon im Auge, jetzt
noch nicht so wie dann, wenn dein Heer sich bewegen wird
zur Thebanischen Burg. Denn keinen Weg für dich wird
es geben, die Polis niederzureißen, sondern erst
wirst du fallen und sie mit deinem Blute besudeln, und
1375 dein Blutgenosse desgleichen. Solche Verwünschungen
habe ich schon vorher gegen euch ausgestoßen, und nun
rufe ich sie wieder als meine Mitstreiter auf,
damit klar wird, daß die Erzeuger zu ehren sind,
und nicht zu entehren, wie ihr es antatet dem
blinden Vater, im Gegensatz zu dem, was meine Töchter taten.
1380 Und so wird mein Fluch dein Flehgebet und deinen
Thron besiegen, so wahr wie die Altehrwürdige
Göttin Gerechtigkeit die Beisitzerin des Zeus bei den
Archaischen Gesetzen ist. Und du, der Üblen Übelster,
geh, Ausgespieener und Vaterloser, mit diesen meinen
1385 Verwünschungen ins Unglück, und daß du niemals
mit dem Speer dein Stammland unterjochst, und daß
du nie mehr heimkehrst in das Becken von Argos,
und daß du stirbst von Bruderhand und zugleich
tötest den, der dich vertrieb. So verfluche ich,
und rufe zu der grausigen untersten der unteren
1390 Unterwelten, auf daß sie dich beherberge, rufe zu
den hiesigen Göttinnen, rufe zum Gott des Zwistes, der
euch zweien solch zünftigen Haß zuschmiß. Und
das in den Ohren, gehe hin und künde allen den
Kadmeern und dazu deinen getreuen Mitstreitern, weswegen
1395 Ödipus den Söhnen, den seinigen, hat solch Ehrengabe
                            zugeteilt.

CHOR*(führer)*

Polyneikes, nicht mitfreue ich mich mit dir an
deinem Herweg. Jetzt aber: nichts wie zurück!

POLYNEIKES

Weh über diese Reise und weh über diesen Fehlschlag,
weh über die Gefährten. Für welch Wegziel hab' 1400
ich sie von Argos abgezogen, ich elendes Ich,
ein Ziel, das ich außerstande bin zu nennen den
Gefährten, und auch zurückschicken kann ich sie nicht,
bloß lautlos mittun mit dem Geschick. O Kinder
dessen da, ihr meinesgleichen, ihr doch, nachdem ihr den 1405
knochenharten Fluch des Vaters gehört habt:
gebt mir um der Götter willen, wenn die väterlichen
Flüche sich erfüllen und euch die Heimkehr blüht,
gebt mir die Ehre, mich in ein Grab zu legen,
nach Möglichkeit mit einer Totenfeier. Und 1410
das Lob, welches euch zuteil wurde als Pfleger dieses
Mannes, wird zu einem andern, nicht kleineren führen,
für das, was ihr für mich getan haben werdet.

ANTIGONE

Polyneikes, ich fleh' dich an, mir zuzuhören.

POLYNEIKES

1415   Ach, liebste Antigone, worum geht es? Sprich.

ANTIGONE

So schnell wie möglich führ das Heer zurück nach
Argos, und verschon dich selber und die Polis.

POLYNEIKES

Wie denn das? Wie denn kann ich mein Heer
dorthin zurückführen? Soll ich denn plötzlich bibbern?

ANTIGONE

1420   Was, du Kind du, macht dich da ergrimmen? Was
für Gewinn bringt dir das Niedermachen des Vaterlands?

POLYNEIKES

Eine Schmach ist's, zu fliehen und so, als der Ältere,
verlacht zu werden von dem Brüderchen.

ANTIGONE

Ja, siehst du denn nicht, wie dich die Orakel des
Vaters da leiten, der euch zweien den Tod ins Gesicht schreit? 1425

POLYNEIKES

Sein Wunschdenken ist es – wir aber: kein Zurück!

ANTIGONE

Ach, Unglückliche ich! Doch: mit den Weissagworten des
Manns da im Ohr: wer wird es wagen, dir zu folgen?

POLYNEIKES

Nicht übermittle ich das Widrige. Denn der
fähige Feldherr hat seine Vor- und nicht seine Nachteile 1430
herauszustellen.

ANTIGONE

Also ist es, du Kind du, für dich zuendegedacht?

POLYNEIKES

Hör auf, mich zurückzuhalten. Ich muß nun
erfahren, ob mein Weg unter einem bösen Unstern verlaufen wird
aufgrund des Vaters und dessen Erynien. Euch beiden
1435 jedenfalls gebe guten Weg der Gott der Götter, damit
ihr mir als Totem leistet, was ja jetzt bei dem Lebenden verwehrt ist.
Und nun laßt mich gehen, und seid gegrüßt. Ihr
werdet mich so von Aug zu Aug nicht wiedersehen.

ANTIGONE

Ach, Unglückliche, ich.

POLYNEIKES

Nicht um mich jammern.

ANTIGONE

Wer wird nicht klagen, mein Bruder, über dein
1440 Stürmen in das offenbare Grabloch?

POLYNEIKES

Wenn sich's gehört, dann sterbe ich.

ANTIGONE

Auf mich hör, nicht auf dich.

POLYNEIKES

Verlang nicht, was nicht zusteht.

ANTIGONE

Unglückliche, ich Unglückliche,
wenn ich die Räume ohne dich sehe.

POLYNEIKES

Am Dämon liegt es, ob so, oder anders. Euch zwei
zuliebe aber bete ich nun zu den Göttern, euch möge 1445
nimmer Böses zustoßen! Nicht recht wär's nämlich,
im Namen aller, daß es euch schlecht ergeht.

CHOR

Neue und neuerlich neue Übel,
schicksalsschwere, kamen mir von dem Dahergeschneiten da,
es sei denn, das Schicksal erfüllt sich nun. 1450
Denn nicht kann ich sagen, daß gleichwelches
Axiom der Dämonen ein nichtiges sei.

Es betrachtet und betrachtet das allzeit
Die Zeit, das dort übers Jahr,
1455 das andre dagegen an einem Tag erfüllend.
– Donner war das gerade, im Himmel, o Gott.

ÖDIPUS

Kinder, ach Kinder: möge doch ein Einheimischer
Theseus herbringen, den allergutesten?!

ANTIGONE

Weswegen, Vater, rufst du derart nach ihm?

ÖDIPUS

1460 Gefiederter Blitz des Zeus, der mich auf der
Stelle in den Hades wird bringen! Schnell, schickt nach ihm!

CHOR

Hört: ein grausiger Krach, ein unbeschreiblicher,
von Gott geschleuderter, braust daher, und Schrecken
1465 krallt sich mir ein in das Kopfhaar, und
schlägt mir auf die Seele. Und wieder
flammt der Himmel von Blitzen.
Welch Ende winkt?
Das ängstigt mich! Denn nicht ohne Grund

prescht das heran, nicht ohne Zusammenspiel mit dem Unglück.   1470
Ach, großer Äther, ach großer Gott.

ÖDIPUS

Ach, Kinder: es naht mir Menschen das Ende des Lebens,
das gottangekündigte – kein Abwenden mehr möglich.

ANTIGONE

Wie weißt du das? Wie hast du es herausbekommen?

ÖDIPUS

Wahrlich weiß ich das! Und jetzt, schnell, daß   1475
jemand mir den Landesherrn bringe.

CHOR

Ea! Ea! hört jetzt das durchdringende Krachen,
das gewaltige, wie es uns umzingelt.
Erbarmen, o Dämon, Erbarmen, sofern du   1480
der Erde, der Mutter, etwa die Lichtlosigkeit bringst.
Rechtes möge mir zustoßen durch dich, und
den Fluchbeladenen da gesehen zu haben,
möge mir nicht bescheren deinen bösen Dank.
Oberster Gott, Zeus, zu dir schreie ich.   1485

ÖDIPUS

Naht er, der Mann? Und wird er, Kinder, mich denn
noch beseelt vorfinden und geraden Geistes?

ANTIGONE

Was möchtest du ihm denn bleibend anvertrauen?

ÖDIPUS

Für das Gute, das mir widerfuhr, möchte ich ihm
1490 eine Gunst erweisen, eine fruchtbringende,
genau wie die, derer ich teilhaft wurde.

CHOR

I-o, i-o, Kind, beeil dich, beeil dich,
ob du auch gerade in der steilen Schlucht
1495 dem Salzflutgott Poseidon seinen Opferzirkel
heiligest – komm!
Denn der Fremde meint, dir und
dem Gemeinwesen und überhaupt den Freunden
gerade jene Gunst erweisen zu sollen, die auch sein Heil war.
Spute dich, stürme, Herrscher du.

THESEUS

Was für ein allgemeines Getöne ist das, 1500
einerseits, durchdringend, von denen da, andrerseits, vernehmlich,
                                            von dem Fremden?
Blitz und Donner des Zeus? Oder das Losbrechen
einer Sturzflut? Denn alles ist vorstellbar bei
einem solch stürmischen Gott.

ÖDIPUS

Herrscher, einem Verlangenden bist du erschienen, und einer 1505
der Götter stellte dir für dein Kommen Heil in Aussicht.

THESEUS

Was, Sohn des Laios, hat sich Neues ergeben?

ÖDIPUS

Mein Leben geht zur Neige. Und was ich dir und
deiner Polis versprach, das will ich im Sterben nicht Lügen strafen.

THESEUS

Worin besteht für dich das Todeszeichen? 1510

ÖDIPUS

Die Götter selber sind mir dessen Boten und Künder,
keins der gegebenen Zeichen haben sie ausgelassen.

THESEUS

Und sag, alter Mann, was sind denn die Zeichen?

ÖDIPUS

Die vielen, die unaufhörlichen Donnerschläge und die
1515 vielen Blitzpfeile, geschleudert von unbesiegbarer Hand.

THESEUS

Du überzeugst mich. Denn ich sehe, daß du
wahrsagst und nicht erfindest. Sag nun, was zu tun ist.

ÖDIPUS

Sohn des Aigeus: ich will dir beibringen, was dir
und deiner Polis zuteil werden wird, unbeschadet von der Zeit.
1520 Zum Ort, an welchem ich sterben soll, werde ich
dich jetzt allein hinführen, ohne daß wiederum ein Führer
                                                  mich anrührt.
Diesen Ort nenn nie und nimmer einem Menschen:
weder wo er versteckt ist noch in welcher Gegend er liegt,

damit er dir für allezeit einen Schutz gibt stärker als
   eine große Armee und herbeigeholte Speerschaften der   1525
                            Nachbarn.
Das mit keinem Wort Anzutastende, das Versagte aber
wirst du erfahren, wenn du dort ankommst, allein.
Ich kann es weder vor einem der hier Ansässigen aussprechen
noch vor meinen Kindern hier, wie ich sie auch liebhab!
Und du, bewahr's für immer, und wenn du   1530
einst ans Lebensziel gekommen sein wirst, offenbar
es allein dem Überragenden, der es auf ewig
dem nach ihm zum Vorschein bringe!
Und auf diese Weise regierst du die Polis
unverheert durch die Drachensaatleute – Myriaden von
Staaten ja, so gut du vielleicht regierst, überheben sich mir nichts,   1535
dir nichts. Denn die Götter sehen gut, auch im nachhinein,
daß einer, vom Göttlichen abgegangen, sich in den Wahnsinn
                                       verkehrt.
Sieh zu, Aigeussohn, daß du das nicht mitmachst.
Ach, mit dem fürwahr Sonnenklaren belehre ich da ...
Doch machen wir uns auf den Weg, denn es treibt   1540
mich voran die Sache des Gottes, es gibt für uns
kein Umkehren mehr. Und ach, Kinder ihr: daß ihr
mir folgt – ihr – mir: denn ich bin's, der euch nun
führt, gleichsam als Neuer, und doch wie zuvor ihr mich, den
                                         Vater.
Auf den Weg, und daß ihr mich nicht anrührt,   1545
vielmehr mich selber finden laßt das heilige Grab,
damit mir Mann hier der Übergang zuteil werde
in die Erde hier. So: kommt hierher, hierher!
Denn hierher führt wiederum mich Hermes, der
Totenführer, und die Göttin der Abgeschiedenen.
Oh du Licht, lichtloses, mein Teil warst du so

1550 lange schon, und jetzt wird mein Leib von dir
angerührt noch ein letztes Mal! Schon mache ich mich
nämlich auf zum Lebensende, stecke mich weg in den Hades.
Dir aber, du liebster unter den Fremden hier, und
dem Lande hier, und deiner Gefolgschaft mögen
die Götter gewogen sein, und daß ihr im Wohlergehen
1555 meiner gedenkt, des Hinscheidenden, und so auf immer
         wohlauf bleibt.

CHOR

Wenn's mir erlaubt ist, die unsichtbare Göttin
betend anzurufen, und auch dich,
Oberer der Nachtscharen:
Aidoneus, Aidoneus: ich beschwöre dich,
1560 daß der Fremdling da nicht schmerzbeladen und
nicht schwerleidend am Ende hinabsterbe zum Totenfeld
und zum Unterwelthaus.
1565 Denn wem so grundlos die Mißgeschicke
zufielen, dem sollte eine gerechte Gottheit wieder
aufhelfen.

He, ihr Göttinnen der Unterwelt und du Masse des
1570 unbezwungenen Ungetüms vor den Toren dort,
den gar vielbesuchten, das du lagerst
und knurrest, dort in den Höhlungen,
und das du seit jeher giltst als der unzähmbare
1575 Hadeshüter: bitte, he du Kind der Göttin Erde
und des Tartaros, bitte, laß den Weg
freimachen für den Xenos, den Fremden hier, dessen
         Richtung

die Totenebenen dort unten sind!
Dich rufe ich an, den Gott des Für-immer-Schlafs.

EIN BOTE

Leute der Polis hier: kürzest sei es gesagt:
Ödipus ist dahin! 1580
Was die Umstände angeht: dafür gibt's so im
Handumdrehn kein Erzählen, wie ja auch
das Geschehen dort nicht entsprechend war.

CHOR

So ist er dahin, der Elende?

BOTE

Du sollst wissen, daß er das Leben erlangt hat, für allezeit.

CHOR

Wie das? Durch göttliche Fügung der Beschwerte unbeschwert? 1585

BOTE

Es ist der Augenblick, zu erstaunen. Denn als
er wegging von hier – und du weißt es, du warst

dabei –, war keins seiner Lieben ihm mehr Führer,
sondern er selber war es, der uns führte, uns alle!
1590 Als er aber hinkam zum Steilabfall, der
mit erzenen Schwellen verankert ist in dem Erdreich hier,
hielt er inne auf einem der starkverzweigten Pfade,
nah bei einem Hohlkrater, wo die Treuegelübde
des Theseus und des Perithoos für immer eingeritzt sind:
1595 da stand er inmitten, umgeben auch vom Thorikiosfelsen,
und vom hohlen Wildbirnenbaum und vom Steingrabmal,
und da setzte er sich, und da tat er dann ab von sich die
verdreckten Gewänder, und da hieß er dann mit erhobener
   Stimme die
Töchter, von irgendwoher das Quellwasser für Waschung
und Weihegüsse zu holen. Auf den Weg gemacht hin
zum Hügel, dem sichtbar gegenüberliegenden, der fluren-
   freundlichen Demeter,
waren sie mit dem vom Vater Aufgetragenen binnen kurzem
zur Stelle und vollbrachten mit Waschung, und mit der
Kleidung das, was das Rechte ist. Und als er an
all den Vorgängen die Freude und auch die
1600 Genüge fand, da donnerte der Erdtiefenzeus, und die Mädchen,
als sie ihn hörten, erschauderten, und sie stürzten
nieder zu den Knieen des Vaters, und sie wehklagten,
und sie hörten nicht auf mit dem Auf-die-Brust-Schlagen
und mit dem langlangen Schluchzen, und er,
sowie er den jähen bitteren Schall vernimmt,
1605 schlingt die Arme um sie, und er sagt:
»Ach Kinder, vom heutigen Tage an gibt es für euch
den Vater nicht mehr. Denn dahingeht jetzt all
das Meinige, und nie mehr werdet ihr, was mich angeht,
in der Not sein, mich ernähren zu müssen! Harte Not
1610 war das, ihr Kinder, ich weiß es! Und ein einziges

Wort nur zeigt sich erkenntlich nun für all eure Kümmernisse!
Und zu keinem hattet größeres Lieben ihr als hier
zu dem Menschen, dessen beraubt ihr nun
den Rest eures Lebens werdet fristen müssen.«
Und so, ineinandergeschlungen, schluchzend wehklagten 1620
sie allesamt. Und so kamen sie mit ihrem Weinen
zur Neige, und kein Laut mehr brach aus ihnen
hervor, und Schweigen war, und plötzlich schrie
jemandes Stimme ihn an, und sie erschauerten,
und die Haare stellten sich ihnen dreien mit einem Schlag auf. 1625
Und es ruft ihn nun laut und langanhaltend der Gott:
»He du, he du, oh Ödipus, oh Schwellfußmann, was zögern wir,
zu gehen? Dein Säumen, dein Säumen, es dauert!«
Und er nun begriff, gerufen zu sein von einem Gott,
und er hieß kommen den Theseus, den Ortskönig hier, 1630
und er sprach: »Ah, du lieber Mannskopf du hier,
gewähr mir doch, um meiner Kinder willen die
bewährte Gunst deiner Hand, und so auch ihr,
meine Kinder ihr ihm da! Und versprich, die beiden
da niemals von dir aus im Stich zu lassen, vielmehr ihnen
auf alle Zeit guten Willens zu leisten was nottut.« 1635
Und der andere, als Mann von Edelmut, gab, ohne
sich weiter bitten zu lassen, das Versprechen und
schwur das dem Xenos. Und sowie er das geschworen hat,
berührt Ödipus auf der Stelle seine Töchter mit
seinen Blindenhänden und sagt: »Ach, Kinder ihr: 1640
Jetzt heißt es, Edelmut zu zeigen und wegzugehen
von dem Ort hier, und verwehrt ist es auch
mit Augen oder Ohren etwas erschauen oder von dem Unter-
            sagten erlauschen zu wollen.
Und so geht, und möglichst schnell – außer dem König, Theseus:
der bleibe und werde Zeuge des Kommenden.«

1645 Und wir alle zusammen hörten ihn so reden und
geleiteten die Mädchen unter starkem Wehklagen weg.
Und nach kurzer Zeit aber wandten wir uns im
Weggehen um und wir nahmen den einen der
Männer nirgends mehr wahr, und den König
1650 sich die Augen beschattend mit der Hand an der Stirn,
wie vor einer mächtigen und furchterregenden Erscheinung, die
anzuschaun unerträglich ist. Und dann aber
– ganz wenig Zeit war vergangen – sahen wir ihn
hingekniet im Gebet zur Göttin Erde und zugleich
1655 auch zum Götterolymp, gleichlautend.
Und von welchem Geschick jener andere
ausgelöscht wurde: einer der Lebenden könnte
es mir erzählen – Theseus allein. Und nicht etwa
ein feuerflammender Götterblitz schaffte ihn fort,
1660 und auch nicht eine im Augenblick daherpreschende
Sturmflut, vielmehr wohl ein Göttergesandter,
oder aber die lichtlose Schwelle des Landes der Toten
hatte die Güte, aufzuklaffen. Und der Mann
wurde hinweggerafft ohne Wehklage und ohne
1665 Krankheitsschmerz, so wundersam wie noch keiner
der Sterblichen. Und falls ich durcheinanderzureden scheine,
möchte ich mit dem, welchem ich durcheinanderzureden scheine,
nichts zu schaffen haben!

CHOR

Und wo sind die Mädchen und die Begleiter, die Unsrigen?

ANGELOS/BOTE

Sie sind nicht fern, denn die Klagelaute, die deutlichen,
sie deuten an, daß sie auf dem Weg hierher sind.

ANTIGONE

Weh, ach, weh, jetzt ist es, ist es, an uns 1670
zweien, jetzt oder nie, das uns Elenden vom Vater her
eingeborene, das unverschmerzbare Blut zu beweinen
vom Vater her, dessen schweres Geschick wir seit
jeher standhaft auf uns nahmen –
zuletzt aber laßt uns euch überbringen 1675
das Unsagbare – aber Gesehene und Erlittene.

CHOR

Was? Was denn?

ANTIGONE

Nur zu ahnen ist es, ihr Leute.

CHOR

Dahingegangen, er?

ANTIGONE

Wie man's nur wünschen konnte.
Was denn?: weder der Kriegsgott noch
1680 das Meer stießen ihm zu, sondern
die uneinsehbaren Erstreckungen ergriffen ihn,
in einem unsichtbaren Verfahren
fortgeschafft – und uns beiden schlug,
Weh!, tödliche Nacht auf die Augen.
1685 Wie jetzt bloß, verirrt in
fernes Land oder auf die Meereswogen,
zu einer Nahrung kommen, wie bloß?

ISMENE

Nicht weiß ich's. Daß doch der mörderische
Hades mich packe, mich Elendige, und daß
1690 ich so mitstürbe, mit meinem alten
Vater! Ah, wie ist doch das mir zugedachte
Leben ein Leben nicht mehr.

CHOR

Ihr Bestenpaar unter den Kindern:
das zu Ertragende ertragt nun schön,
1695 und nicht gar zu sehr sollt ihr entbrennen!
Euer Weg, nicht anzuklagen ist er!

ANTIGONE

Ja, sehnen könnte man sich nach all den Unglücken!
Denn das so gar nicht Liebe war lieb,
solang ich ihn bei den Händen hielt.
Ah, Vater, ah, Lieber, 1700
ah du bekleidet für immer mit der Untererdfinsternis:
nicht ungeliebt sollst du so jemals bleiben,
nicht ungeliebt von mir und von ihr da.

CHOR

Es kam –

ANTIGONE

Es kam, was er wünschte.

CHOR

Es kam was?

ANTIGONE

Wie von ihm erstrebt, starb er in einem 1705
fremden Land. Und sein Lager, ein auf Dauer
wohlbeschirmtes, hat er untenwärts, und
keine tränenlose Trauer ließ er zurück.

Ah, Vater: denn mein Auge, es beklagt
1710 dich weinend, und ich habe nichts,
was mir hülfe, mir Elender, daß ich diesen Schmerz
um dich loswürde.
Ach, ich!
In einem fremden Land zu sterben
war dein Bestreben. Aber
gestorben bist du für dich allein.
Und was ist mit mir? Und ich? Und ich?

ISMENE

1715 Ach, du Elend! Was für ein Los
erwartet mich, und dich, Herzliebe du,
so für uns allein,
ohne den Vater?

CHOR

1720 Aber, aber, ihr Lieben:
da doch sein Lebensende
glücklich ausging:
laßt ab vom Schmerz! Denn
keiner, der dem Verlust
auskommt!

ANTIGONE

Zurück mit uns, ach Liebe, zurück mit uns.

ISMENE

Und was dort mit uns?

ANTIGONE

Etwas zieht mich dort hinab.

ISMENE

Und was? 1725

ANTIGONE

Das unterirdische Heiligtum zu sehen.

ISMENE

Wessen?

ANTIGONE

Des Vaters. Oh Jammer, oh ich.

ISMENE

Wie ist das gestattet? Was bildest
du dir ein?

ANTIGONE

1730 Und du, was tadelst du mich?

ISMENE

Und wie, wenn er —

ANTIGONE

Was denn gar wieder?

ISMENE

— hinsank ohne ein Grab, und fern von allem?

ANTIGONE

Dann fort mit mir, und mach mich
mitsterben.

ISMENE

Und auch mich.

ANTIGONE

Nein, dich nicht.

ISMENE

Weh, du Schmerzensmensch du:
und ich: wo werde ich denn, allein, wie ich bin,   1735
und ohne Weg, mein Kummerleben
neu aufnehmen?

CHOR

Ihr Lieben: fürchtet nichts.

ANTIGONE

Wohin denn ausweichen?

CHOR

Schon längst seid ihr zwei ausgewichen –

ANTIGONE

Wie? Was?

CHOR

1740 — dem bösen Fall.

ANTIGONE

Ich denke —

CHOR

Was grübelst du bloß?

ANTIGONE

— wie wir bloß heimkehren könnten —
kein Schimmer.

CHOR

Sorge dich nicht.

ANTIGONE

In Bedrängnis bin ich.

CHOR

Schon zu lange warst du's.

ANTIGONE

O ich Weglose, und noch Weglosere. 1745

CHOR

Ein massiges Meer ist euer Los.

ANTIGONE

Nai nai. O ja. O ja.

CHOR

Und ich spreche mit: *Nai, nai,* O ja. O ja.

ANTIGONE

Weh, weh: wohin uns wenden, Zeus?
Feu feu, poi molomen, o Zeu?
Der Augenblicksgott: zu welchen
1750 Hoffnungen hetzt er mich noch?

THESEUS

Stoppt euer Tränenlied, ihr Kinder.
Pauete threnon, paides. Denn uns
steht gemeinsam die Liebe unserer Toten
offen. Kein Trauern gefälligst, es ist
gottverboten! *Nemesis gar.*

ANTIGONE

Ach, Sproß du des Aigeus: wir fallen
dir zu Füßen.

THESEUS

Welcher Not abhelfen, ihr Kinder?

ANTIGONE

Das Grab wir wollen sehen
selber unseres Vaters.

THESEUS

Aber nicht gottgewollt ist, dorthin zu gehn.

ANTIGONE

Wie sprichst du, Herrscher und Herr von Athen?
Pos eipas anax, koiran' Athénon?

THESEUS

Ach, Kinder: untersagt hat er es mir, 1760
daß gleichwelcher der Sterblichen aufbreche zu
jenem Ort und seine Stimme schallen lasse
bei der heiligen Stelle, die jener nun innehat.
Und er sagte, würde ich mich schön
daran halten, hätte das Land hier in
Zukunft auf allezeit leidens- und sorgenfrei. 1765
Und das bekam zu Gehör der
Gott, der all das Unsrige wahrnimmt,
der Schwurgott des Zeus.
*Tauta un eklüen daimon hemon
cho pant'aion Dios Horkos.*

ANTIGONE

Und wenn jenem das also im Sinn stand,
dann möge es recht sein! Und du
schick uns los ins altertümliche Theben, 1770

damit wir irgendwie hindern das
auf die Blutsverwandten zukommende Morden!
Thebas d'hemas
tas ogügius pempson, ean pos
diakolüsomen ionta phonon
toisin homaimois!

			THESEUS

Und das werde ich tun. Und alles was
ich vorhabe, damit es euch fruchte, und
1775 auch jenem dort zuliebe, der soeben erdewärts
gewankt ist, davon darf ich nicht ablassen.
Draso kai tade, kai panth' hopos'an
mello prassein, prosphora th'hümin
kai to kata ges hos neon errei
pros charin, u dei m'apokamnein.

			CHOR

Und jetzt hört auf und weckt
nicht noch mehr Trauerstrophen!
Das hier genügt. Und es gilt.
All'apopauete med' epi pleio
threnon egeirete.
pantos gar echei tade küros.

Verwendete Ausgabe:
Édition »Les Belles Lettres«, Paris, 1967
Textfassung von Alphonse Dain

Einen großen Dank
für das Durchsehen der Übersetzung an
Oswald Panagl und *Kurt Steinmann*

Die Reise nach Kolonos

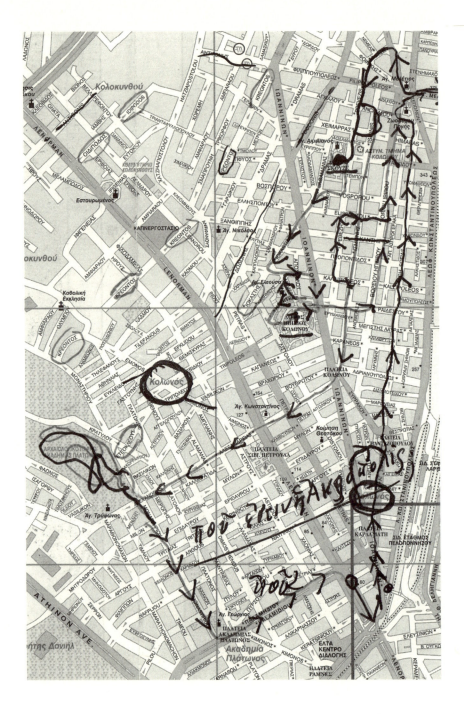

Das Übersetzen des *Ödipus in Kolonos* hatte mich vom Mai bis zum September 2002 beschäftigt. Mittendrin nahm ich mir vor, zu dem Kolonos von heute zu reisen. Lange hatte mir der Ort als eine Art Insel vorgeschwebt, wohl auch durch den eingebürgerten deutschen Titel des Dramas, »... *auf* Kolonos«. Selbst als sich herausstellte, Kolonos sei inzwischen ein Bezirk des jetzigen Groß-Athen, glaubte ich diesen Bezirk weit draußen in der Landschaft von Attika, irgendwo an den Rändern. Auf den mir in der Ferne verfügbaren Athen-Plänen war jedenfalls kein »Kolonos« eingezeichnet. Ein Kenner der griechischen Hauptstadt erzählte mir dann freilich, das Viertel oder der »Demos« Kolonos befinde sich in einer Art Zwischenzone, fast nah dem Zentrum mit der Akropolis, dem Parlamentsplatz und dem Likavitos-Hügel. Er kannte nicht nur das Quartier, sondern auch mehr oder weniger mich und sagte, in Kolonos sei weder etwas zu besichtigen, noch sei dort etwas los (er sprach französisch und meinte »C'est nul!«), und also werde es mir dort gefallen.

Zu Anfang dieses Jahres 2003 jetzt bin ich endlich nach Kolonos aufgebrochen. Ich habe in seinen Straßen, auf seinen Plätzen und in seinen gar spärlichen »Parks« einen ganzen Tag verbracht, und es wurde mit der Zeit mehr oder anderes als »Gefallen«, was mich in Kolonos bleiben oder verweilen ließ. Am Morgen in Piräus, von wo ich mich auf den Weg machte, rüstete ich mich mit einem riesigen, gar nicht so umstandslos auf- und zuzufaltenden Athen-Plan, in welchem »Kolonos« endlich verzeichnet stand, wenn auch nicht, wie die Touristenstätten alle, mit den allgemein lesbaren lateinischen Lettern unter den originalgriechi-

schen Schriftzeichen: da fand sich allein Κολωνός, in blaßblauer, schwer aufzuspürender Kleinhandschrift, während die Straßennamen ganz Athens schwarze, deutliche Druckbuchstaben hatten. Aber jedenfalls: da war es, unmittelbar angrenzend an die innere Stadt, zur Linken des Peloponnesbahnhofs und seines breiten Gleisfelds, den Beginn des Nordwestens der Kapitale markierend, wozu auch die geradewegs nordwestwärts führende, dabei gar schmale Hauptstraße paßte, samt ihrem Namen Ioanninastraße – die Stadt Ioannina, mit der archaischen Orakelstätte *Dodona* in der Nähe, liegt ja ziemlich genau in dieser Richtung, vielleicht drei-, vierhundert Kilometer weiter – und ebenso gibt es eine Dodonastraße in Kolonos, mehr stadtauswärts, welche die Ioanninastraße kreuzt.

Es wurde an diesem 3. Januar 2003 bald warm, und ich ging mit dem Mantel über dem Arm. Am Vorabend hatte mich in einem Café ein älterer Mann angesprochen und mir dann Andeutungen zum heutigen Kolonos gemacht: »Nachtleben«; »Albaner« (es war ja auch, von Piräus aus, die Richtung nach Albanien), »Morde«. Zugleich war im Fernseher der Gaststätte der Vorabend-Quiz im Gang, und eine der Fragen, im Mythenteil, lautete, wie der von seinem Sohn Ödipus unwissend am Kreuzweg erschlagene König von Theben und Mann der Iokaste (die, Mutter des Ödipus, später unwissend ihres Sohns Frau und Geliebte werden sollte), geheißen habe. »Laios!« rief einer der Gefragten im TV.

Jetzt am Tage hatte Kolonos vordringlich den Anschein eines, nicht bloß in Athen, erstaunlich stillen, dabei bescheidenen und schön belebten Wohnviertels. Gab es denn keine Läden? Doch, fast jedes Gebäude hatte einen – der aber so unscheinbar war,

daß man ihn auf den ersten Blick kaum als das Gemüse- und Früchtegeschäft, die Schusterwerkstatt, die Garage, die Bäckerei, die Fischhandlung sah; erst im Betreten des in der Regel eher licht- und schaufensterlosen Parterreraumes zeigte sich in diesem allmählich das, was zu einem Handel gehörte. Und wie fast eine Regel an neuen Orten: Schon nach den ersten Schritten wurde ich Fremder dort nach dem Weg gefragt, und gleich dann wieder.

Ich hatte erwartet, es werde in Athen-Kolonos bergauf gehen. Aber sämtliche Straßen, in die ich dann vom Hodos Ioanninon abbog, waren fast ohne Steigung und verliefen auch mehr oder weniger geradeaus. Immer wieder schaute ich mich da wie dort um, ob sich nicht einmal im Südosten, wie vom »Ödipus in Kolonos« vor fast zweieinhalbtausend Jahren beschworen, die Akropolis, die Hohe Stadt, der kalkig-mamorne Felsen mit dem Parthenontempel zeigte. Dieser erschien später, kaum wahrnehmbar weit hinter der breiten Gleisschneise vom Peloponnesbahnhof, im Fluchtpunkt der Häuserzeilen, die, viel höher als die meisten in Kolonos, schon zum anderen Stadtteil namens »Attiki« gehörten. Hier machte ich kehrt: allein das Durchstreifen von Kolonos zählte an diesem Tag. Vorher versuchte ich noch ein Photo der Akropolis von der Stadtteilgrenze aus, mit einer »Einweg«-Kamera, zuvor gekauft in einem kleinen Laden am Platz der Kirche des Heiligen Meletios, wo Kolonos sein Zentrum zu haben schien, mit Cafés (kafeia), Restaurants (estiatoria), fußballspielenden Kindern, karten- und würfelspielenden Alten – in ganz Kolonos aber nirgends ein Hotel oder auch nur eine Etagenpension? Auch kein Kino? (Auf dem entwickelten Photo dann gab sich der Athener Burgberg nicht zu erkennen.) Auf dem besagten Platz (plateia) fanden sich auch zwei Zei-

tungskioske, die Journale wie in Griechenland üblich mit Wäscheklammern befestigt; »internationale Presse«? ja, aber nur rumänisch, bulgarisch und albanisch; zwischen den Kiosken ein Gedenkstein für die örtlichen Opfer der deutschen Besetzung von 1941 bis 1944, eins der Opfer mit dem Vornamen Sokrates. »Ruhm und Ehre, *time kai doxa*!«

Wurde in dem Drama des heimstattsuchenden »Irrsterns« Ödipus nicht einmal erwähnt, daß Kolonos schluchtenreich ist, mit zwei aufragenden Felsköpfen? War im Lauf der Jahrtausende denn auch hier das Land planiert worden? Im Vertrauen, zumindest noch Spuren der einstigen Erhebungen zu finden, kurvte ich in den folgenden Stunden durch die Straßen, kreuz und quer, in sämtliche Himmels- und Windrichtungen; eine der Straßen hieß »Hodos Himarras«; etwa Sturzbachstraße, eine diese kreuzende, sehr lange, »Straße des Nördlichen Epirus« (und in meiner Vorstellung war Ödipus, geführt von seiner Tochter Antigone, da auf seinem Umherstreifen durch Hellas dahergekommen – kein blinder Greis freilich zu erspähen an diesem Januartag – dafür noch und noch alte Männer mit dunklen Brillen und – nicht weißen – Stöcken, jeder alleingehend). Es fand sich auch, an der Westgrenze von Kolonos, eine »Ödipusstraße«, dahinter, parallel zu ihr, eine »Antigonestraße«, und sogar der Bösewicht Kreon, gleich wie die »Blutschänderin« Iokaste, war in Kolonos als Straßenpatron gewürdigt. Doch diese Wege verliefen samt und sonders weiter im Flachen, und ebenso gab es in der Straße, die nach einem Sturzbach hieß, von einem solchen, selbst jetzt im Winter, da es in Attika doch zeitweise regnete, weder Spur noch Nachbild. Dabei rief doch der »Ödipus von Kolonos« deutlich die Quellen, das Wasserrauschen usw. an, ebenso wie die Felsgupfe.

Es zeigte sich endlich eine Art Erhebung, und die Landkarte half mir dabei. Irgendwo stand da »Hügel (lofos) des Verschwundenen Kolonos« (wenn ich das richtig entziffert habe …), und auf dem Weg dahin, welcher sich unversehens San-Francisco-haft wellte, fand sich zu meiner Rechten eine Erhebung, die, jedenfalls so aus der Nähe, mehr schien als ein bloßer Hügel – eben der im Drama besprochene Felskopf. Wieder eine Kirche an dessen Fuß, namens Hagios (Hl.) Aimilianos und obenauf ein Kinderspielplatz und eine Gaststätte, in der Hauptsache aber Dickicht und Unterholz, und der Sockel endlich wie unversehrt, mit Bahnen und Schichten des nackten fast weißen Kalksteins (s. »schimmerndes Kolonos«, Vers 670), und der Name der Klippe, »Skuse«, kam der von »skuseïn« = plärren, schreien oder vom altgriechischen »Skatia«, Finsternis? Von hier oben mußte doch das Athener Zentrum, samt Akropolis, zu sehen sein? Ich, einziger Gast, ging lange auf der Terrasse des Gipfelcafés hin und her, und suchte. Aber der Südosthang da war wohl die bevorzugte Wohnlage von Kolonos, und die Häuser hatten, sehr ungewöhnlich für den Ort, mehrere Stockwerke; schließlich fragte ich das Kind des Wirts, und es zeigte durch die Gebäudebarrieren durch auf Athen-Mitte.

Auch von der zweiten Erhebung aus, dem Hügel des Entschwundenen (?) Kolonos, durch die da dicht auf dicht wachsenden Hainkiefern usw., kein bißchen Zentrumsblick. Aber wozu auch? Im großen Bogen und kreuz und quer durch die Ismene-Straße, über die Xanthippe-Straße und so weiter zurück zum – jedenfalls mir so erscheinenden – Zentrum von Kolonos selbst, dem Platz des Hagios M. Dort Rast auf einer Lokalterrasse, in einer Seitenstraße. Der Wirt wunderte sich, daß sein Gast »bei der Kälte« (ungefähr 15°) im Freien sitzen wollte.

Noch nie war bei ihm ein Nicht-Einheimischer gewesen, vielleicht nicht einmal einer aus Zentral-Athen. Er setzte sich zu mir: Was ich hier suchte? Ödipus? In Kolonos? Noch nie gehört. Er rief seine Frau zu Hilfe, dann auch seine Tochter. Allgemeines Kopfschütteln. (Später erzählte mir eine alte Lehrerin für das alte Griechisch, Ödipus, der Vatermörder und Mutterbeischläfer, sei »im Volk« immer noch eine Art Tabu-Gestalt.) Erleichterung dann bei der ganzen Wirtsfamilie, als zwei liebliche Kinder erschienen: die Enkel, die der Großvater wie etwas Langerwartetes und Langvermißtes fast schmerzhaft fest in die Arme schloß, mit einem Blick auf mich, der sagte: »Das da ist wirklich. Das da ist jetzt. Das da zählt!«

Ich kreuzte weiter durch Kolonos, bis nach Sonnenuntergang, der nur dann viel zu früh kam. Den Text des »Oidipous epi Kolonoi« hatte ich zwar nicht dabei. Doch jener Lobgesang auf den Landstrich, angestimmt einmal, zwischen Litanei und Ballade, vom Chor der Einheimischen in dem Stück, geisterte mir im Hin- und Herwandern immer wieder durch den Sinn und durch die Sinne: Gutpferdeland – kindernährende (sic) unsterbliche Olivenbäume – Nachtigallen trällernd (oder schluchzend) unter wildem Efeu – goldstrotzender Safran (im Paläogriechischen »Krokos«) – und das alles bewässert und befruchtet vom Flusse Kefissos – und das Meer so nahe, mit dem Stolz des Landes, der attischen Flotte. Unwillkürlich hielt ich in Kolonos Ausschau und horchte auf das vor zweitausendfünfhundert Jahren derart Gepriesene. Ja, es gab noch die Olivenbäume, sogar hier und da als Gehsteiggewächse, ab und zu die reifen Januaroliven im Rinnstein. (Weit häufiger freilich die Orangenalleen). Auch der wilde Efeu wucherte – nur daß es für Nachtigallenschmettern wohl zu hell und doch zu winterlich war.

Safran? Vielleicht; nur hätte ich zum Finden einen Führer gebraucht. Pferde: kein einziges. Vom Hafen (in Piräus) trotz der Stille in Kolonos nichts zu hören. Was fehlte, war vor allem der Fluß da, der Kefissos, der einst Tag für Tag daherkam in die Ebene »mit sauberem Schwall«. Erst am Abend, auf der Rückfahrt durch Piräus, bekam ich den Kefissos (neugriechisch Kifissos) zu Gesicht, als mein Mitfahrer, ein Einheimischer, plötzlich seinen Namen ausrief. Wegen des ersten »i« im Ausruf verstand ich zunächst nicht. Dann aber: das Glänzen des gar nicht so schmalen Gewässers unter dem Abendhimmel, kurz vor der Mündung ins Meer – erst da durfte der Fluß, zuvor mehr unter die Erde gedrängt, als vollständiger Wasserlauf an den Tag treten, für seine letzte attische Fließmeile; in Kolonos, an dessen Westrand, so sah ich es später auf der Karte, war er im Lauf der Zeit abgedrängt und eingeengt worden zwischen mächtigen Schnellstraßen. Wie stolz jedoch hatte der Einheimische seinen Fluß aus- und angerufen – »Kifissos!« war überhaupt das einzige Wort gewesen, das auf der langen Fahrt aus seinem Mund kam: »Kifissos! Potamos« Und später ging mir, im Nachlesen der Verse 668-719, auch auf, daß mit dem Lobpreis Kolonos' durch den Einheimischen-Chor (Kolonos als »pars pro toto«) ganz Athen, die ganze heimatliche Polis besungen wurde – daß jenes Evozieren des eher kleinen Orts sich allmählich in eines des großen, ihn mitumfassenden verwandelte. Im Licht des Abendhimmels, so meernah, hatte der Fluß, schön-trügerisch, wie in den archaischen Versen Reinheit ausgestrahlt.

Am Morgen darauf war ich mit der pensionierten Lehrerin für Altgriechisch verabredet, in Piräus. Sie war in der Hafenstadt geboren und ging während des Zweiten Weltkriegs da auch ins Gymnasium. Doch als gegen Kriegsende die Alliierten den

Kolonos / Kolonós
"Archäologischer
Park"
3/01/2003
Bank,
Gras,
Orangen-
schalen,
Steinchen

Abschied von Kolonos

Hafen bombardierten, wurde sie mit ihren Eltern nach Athen evakuiert, das als Offene Stadt bombengeschützt war, und fand Zuflucht im Athener Stadtteil Kolonos. Dort blieb die Familie in einem ebenerdigen Zimmer ein Jahr lang. Von einem »Ödipus in Kolonos«, einem blinden Greis, der dort Asyl sucht und findet, wußte das Kind zu der Zeit nichts. Erst später: was für ein Staunen. Und noch später: daß sie als Lehrerin wieder anderen Kindern (in Piräus) das alte Drama nahebrachte. Doch seit dem Ende des Kriegs, seit ihrer eigenen Kinderzeit war sie nicht ein Mal nach Kolonos zurückgekehrt. Einen der »lofoi«, der Hügel dort, hatte sie immerhin noch im Gedächtnis: den, wo der nackte Fels hervorkam, den mit dem Unterholz: da war sie ein paarmal, mit der Mutter freilich in der Nähe, spielen gegangen. Und auch sie stimmte dann, zusammen mit ihren beiden Töchtern, eine Art Litanei an, über Kolonos hinaus auf ganz Athen, auf dessen kaum mehr sichtbare Flüsse: »Kifissos! Ilissos! Eridanos!« Die beiden letzteren habe ich bis jetzt auf meiner Karte nicht gefunden. P. S., tags darauf: Inzwischen weiß ich doch, wo Eridamos und Ilissos ungefähr durch Athen fließen (fern von Kolonos).

Peter Handke, Januar 2003